LES TROIS SENTIERS
CONDUISANT À
L'UNION DIVINE

UNICURSAL

Copyright © 2018

Éditions Unicursal Publishers
www.unicursalpub.com

ISBN 978-2-89806-004-5

Première Édition, Mabon 2018

ANNIE BESANT

LES TROIS SENTIERS

CONDUISANT À

L'UNION DIVINE

Conférences faites à Bénarès,
lors de la sixième convention annuelle de la
Section Indienne de la Société Théosophique
les 19, 20 et 21 Octobre 1896.

1902

Classiques Théosophiques

UNICURSAL

AVANT-PROPOS

À l'occasion de la sixième convention annuelle de la Section Indienne de la Société Théosophique, on me pria de faire trois conférences et de prendre la *Bhagavad Gîtâ* comme sujet. Ne me sentant nullement capable de faire des conférences en prenant ce divin livre pour texte, j'ai choisi le thème plus modeste des Trois Sentiers : *Karma, Jnâna* et *Bhakti*, tels qu'ils sont décrits dans la *Bhagavad Gîtâ*, et les conférences que j'ai faites alors sont aujourd'hui réunies en un volume.

C'est à l'amabilité de Babou Sirish Chandra Bose Mounsif, de Bénarès, que je dois le compte rendu merveilleusement exact de *ces* conférences ; à maintes reprises, les comptes rendus de mes conférences ont été rédigés par les hommes les plus capables de Londres, mais je n'ai jamais envoyé à l'impression un compte rendu comportant moins de corrections que celui dont je suis redevable à l'ami qui l'avait rédigé en amateur.

ANNIE BESANT.

BÉNARÈS, le 1er février 1897.

LES TROIS SENTIERS

KARMA MÂRGA

Les Sages ont décrit trois Voies qui permettent toutes d'atteindre la libération et parmi lesquelles l'homme peut choisir celle qu'il suivra. Les Sentiers sont au nombre de trois et pourtant, dans un certain sens, ils n'en font qu'un. Tout en différant entre eux par leurs méthodes, ils aboutissent tous au même point. Tout en différant entre eux au point de vue des conditions extérieures, ils mènent tous au Moi unique, ils visent tous le même but. Ces trois Sentiers — les trois *Mârgas,* comme les appelle la philosophie indienne : celui de *Karma* ou de l'Action, celui de Jnâna ou de la Sagesse et celui de *Bhakti* ou de la Dévotion — ces trois Sentiers finissent par se confondre en un seul, attendu que chacun d'eux acquiert à la fin les qualités des autres, que chacun d'eux se fond, en quelque sorte, dans les deux autres, en unifiant les caractéristiques de tous les trois. En effet, lorsque vous atteignez la *Yoga*, que ce soit la *Karma Yoga, la Jnâna Yoga* ou la *Bhakti* Yoga, le résultat est identique — c'est l'Union avec Dieu. Les attributs nécessaires se ressemblent, et l'homme qui atteint la perfection en suivant l'une de ces Voies n'est dépourvu d'aucune des qualités qui ont été développées sur chacune des trois.

Ces trois Sentiers, avec leurs méthodes différentes et leur but identique, nous ont été décrits dans la partie la plus belle et la plus répandue des Écritures indiennes, dans le Chant du Seigneur, le discours de *Shrî Krishna* — dans la *Bhagavad Gîta*. C'est là que les Sentiers ont été décrits et que leur but a été affirmé. Là nous apprenons comment la sagesse jaillit dans le cœur de l'homme dont la dévotion est parfaite ; là nous apprenons comment on peut accomplir l'action sans attachement, sans qu'elle vous enchaîne à la renaissance, et c'est encore là que nous apprenons que sur n'importe laquelle de ces Voies le Seigneur rencontrera l'homme, le Suprême le bénira. Que les hommes accomplissent leur pèlerinage en suivant l'une ou l'autre de ces Voies ; toutes conduisent au Moi Divin, que ce soit par l'action, par la sagesse ou par la dévotion, ceux qui cherchent Le trouveront sûrement, Le trouveront inévitablement, car le Moi universel est Unique, comme l'est le but vers lequel tendent les trois Sentiers.

Si nous tournons nos regards du côté de la Nature, si nous jetons les yeux sur le monde tout entier, nous rencontrerons partout la recherche du Divin. Partout, dans toutes les directions, quelles que soient leurs formes, quels que soient leurs noms, que ce soit sciemment ou en tâtonnant, les choses et les êtres cherchent tous l'Âme suprême, s'efforcent tous d'y arriver. Le soleil cherche le Divin lorsqu'il darde ses rayons à travers l'espace ; le vaste océan cherche le Divin lorsqu'il enfle ses lames ; les vents cherchent le Divin lorsqu'ils errent sur la surface de la Terre ; c'est le Divin que cherchent les arbres des forêts lorsqu'ils allongent leurs branches ; chaque animal, si vaguement que cela puisse être, tâtonne à la recherche du Divin ; l'humanité cherche le Divin, si aveuglément et si follement que cela puisse être, si erronés que soient les procédés qu'elle emploie_ Cette tendance que manifeste toute la création, ce fait universel dans toutes les formes que revêt la vie, on l'appelait jadis la recherche du Divin. La science moderne constate cette même tendance de la Nature et lui donne le nom d'Évolution. Ainsi, de quelque côté que nous nous tournions, du côté des anciens ou des modernes, nous retrouvons cette aspiration à s'élever, à rentrer en soi-même.

Pourquoi toutes les choses et tous les êtres chercheraient-ils le Divin ? Pourquoi le Divin serait-il le but de tous les efforts ? Ne serait-ce pas parce que le Divin élit domicile dans le cœur de tout ce qui existe ? Que ce soit dans l'océan, dans un minéral ou dans un arbre, que ce soit dans un animal ou dans un homme, le Divin est là, caché sous les voiles extérieurs de l'illusion. L'Âme suprême se trouve aussi bien dans le Soleil que dans la cavité du cœur et toute créature vivante qui cherche le bonheur ne fait, en somme, que la rechercher. En effet, la recherche du bonheur, si erronée qu'elle soit, n'est autre que l'aveugle tâtonnement d'un être qui cherche le Divin, c'est-à-dire la Béatitude. Oui l'Arne suprême, c'est la Béatitude éternelle, infinie, impérissable, et ce que nous appelons le bonheur n'est autre que son reflet déformé en traversant le milieu qui nous entoure. Que personne ne se laisse égarer, que personne ne se laisse aveugler par les différentes méthodes de recherches, par les erreurs qui ont pour cause les illusions extérieures, car tous cherchent la vie intérieure dans la forme extérieure. Ils la cherchent partout, au milieu des efforts aveugles qu'ils font pour atteindre le bonheur et *Shrî Krishna*, la Divinité incarnée, a dit : « Celui qui voit le suprême *Ishvara*[1] résider également dans tous les êtres, celui-là Voit[2] ».

---

1   Le souverain « Seigneur ».
2   *Bhagavad Gîtâ*, XIII, 27.

Les Sentiers que nous allons avoir à décrire sont les trois Voies principales sur lesquelles on cherche, consciemment, le Divin. Durant les premières phases, la recherche est inconsciente ; c'est l'aveugle aspiration vers le bonheur, les satisfactions et la joie. Plus tard, la recherche devient consciente ; on se rend intelligemment compte de ce que l'on cherche et des procédés que l'on emploie dans cette recherche. Que ce soit aveuglément ou avec la perception nette de ce que l'on fait, la recherche se poursuit et la connaissance des méthodes employées et du but final vers lequel elle tend est en rapport avec le degré d'évolution de l'âme. À mesure qu'il parcourt ces Voies, l'homme s'élève au-dessus des illusions provoquées par les qualités de la Nature, par ces qualités que nous connaissons, dans leur sens le plus large, sous le nom des trois *gounas*[3]. Ce sont elles qui aveuglent les âmes, qui cachent le moi divin, qui font naître l'illusion et empêchent de reconnaître la réalité. En parcourant les voies, les hommes apprennent à s'élever au-dessus de ces mêmes *gounas*, tout en les utilisant, apprennent à faire usage de différentes méthodes d'activité, de sagesse et de dévotion, afin d'arriver à établir une distinction entre le moi et les sens, entre le moi et le mental, dont l'activité est ap-

---

3   Qualités ou attributs, les trois énergies de la nature par lesquelles a été édifié tout ce qui nous entoure : Sattva, Rajas, Tamas. NDT

propriée à leur destination, et de s'élever au-dessus et au-delà des *gounas*. C'est alors qu'au-dessus et au-delà des *gounas* ils trouvent l'Âme suprême.

Le Sentier qui doit servir de thème spécial à notre étude d'aujourd'hui, est *Karma Mârga*, le Sentier de l'Action, lequel est parcouru aveuglément et tout à fait inconsciemment par la masse de l'humanité, qui n'en connaît ni le *but* ni la *méthode*. Nous constaterons, en jetant un regard sur l'histoire de notre race, que ce *Karma Margâ* pousse l'homme à accomplir des actions de toutes sortes, à poursuivre des buts de tous genres, à chercher sans relâche des satisfactions dans l'univers extérieur, s'efforçant toujours d'en obtenir de plus en plus, d'en accumuler de plus en plus, et grâce à un redoublement d'activité, grâce à une énergie toujours croissante dans ses mouvements, grâce à une plus grande concentration dans ses efforts, afin de découvrir enfin le Divin. Il se plonge dans l'action en disant : « J'agis, je sens, j'acquiers de l'expérience, j'éprouve du plaisir et de la douleur. » Il ignore que toutes ces actions, toutes ces sensations, tout ce plaisir et toute cette douleur, appartiennent aux énergies de la Nature, que l'Âme suprême ne fait rien, ne sent rien, n'agit pas, et que ces énergies de la Nature parcourent une ronde éternelle et incessante. Au début, il est poussé à l'action par le désir d'en recueillir les fruits. Il aspire à jouir. S'il reste couché, sans rien faire, sans activité, il n'éprouvera aucun plaisir, il souffrira constamment ; le corps lui-même périrait, si la complète inaction venait à prévaloir. Il faut d'abord vaincre *Tamas* ; cette qualité de la Nature qui représente les ténèbres, la paresse, l'inertie, l'indolence, doit être maîtrisée, contrôlée et complètement soumise. Considérez la masse de l'humanité et voyez combien peu de gens sont jusqu'à présent capables de répondre à des impulsions d'un ordre élevé. Ce serait en vain que l'on ferait appel à leur désir de s'instruire, car ils n'éprouvent aucun désir de ce genre. Ils ne peuvent apprécier les jouissances des luttes intellectuelles et sont encore plus incapables de sentir l'aiguillon des aspirations spirituelles. Ils sont plongés dans les ténèbres de la gouna tamasique, sont enveloppés dans les voiles de l'ignorance et de l'obscurité, et désirent rester paisiblement dans cet état. Comment pourra-t-on les pousser à l'activité ? Mieux vaut une activité quelconque que pas d'activité du tout ; mieux vaut une énergie mal employée que l'inertie absolue, que l'absence de tout mouvement. Il faut les faire mouvoir. Au début, ce sont les désirs animaux les plus rudes et les plus grossiers qui sont les éperons de la Nature, quelque chose comme la mèche du fouet de la Nature, pour exciter les efforts des êtres paresseux et les faire entrer, en les flagellant, dans la voie de l'action. L'homme doit être poussé au mouvement par les désirs, par une chose à laquelle sa nature puisse répondre. Plus tard, ces désirs seront reconnus comme étant dégradants, comme étant indignes de l'humanité, comme la faisant rétrograder, comme étouffant ses possibilités, mais, durant les premières phases, ils sont nécessaires au développement de l'homme, aux progrès qu'il fait pour se dégager des voiles de cette qualité tamasique qui l'enveloppent, qui le mettent dans l'impossibilité de se mouvoir. Ils sont préférables à la mort ; si inférieurs qu'ils soient, ils sont plus remplis de promesses que ne l'est l'immobilité absolue. L'activité qui naît du désir, qui pousse l'homme à l'action, qui le lance au milieu des plaisirs. Même si ceux-ci sont d'ordre inférieur, est donc le premier enseignement que lui donne la Nature pour le rendre actif, afin qu'il puisse se développer. Quelle que soit la réprobation qui doive s'attacher à ces maux, ils ont donc leurs places, leurs fonctions, vis-à-vis des natures les plus inférieures et les plus inertes. C'est pour cela que le Seigneur a dit qu'Il était présent même dans les vices des vicieux, dans ce qui les entraîne à l'action, afin de donner naissance à un certain degré d'activité.

Lorsqu'il suit le Sentier de *Karma*, l'homme est plus tard mu par le désir de recueillir des fruits d'une nature plus élevée, et cela développe en lui la qualité de

Rajas[4]. Il devient alors excessivement actif; il se pré-
cipite dans toutes les directions. Son énergie est abon-
dante, irrésistible, agressive et combative. Il se lance
dans le monde extérieur, poussé par l'activité de ses
sens et de son esprit, qu'il cherche à satisfaire. Il agit
dans le but d'arriver à ce résultat.

Or ce résultat peut être de deux sortes. Il désire
jouir du résultat de ses actes, soit dans ce monde, soit,
peut-être, dans un autre. Si nous jetons un coup d'œil
rétrospectif sur des époques qui sont connues pour
avoir été moins matérielles, si nous reportons nos regards vers le moment où la religion exerçait une influence prédominante sur l'humanité, où l'homme
reconnaissait l'immortalité de l'âme, non pas du bout
des lèvres, mais comme l'idée maîtresse de sa vie, où
l'homme sentait et savait qu'il était lui-même immortel, tous les actes avaient alors pour cause le désir de
recueillir des fruits dont on jouirait dans le royaume de
Svarga[5]. L'activité de l'homme pouvait être rajasique,
pouvait ne se manifester que dans le but d'en recueillir
les fruits; il pouvait abandonner ici quelque chose, afin
d'obtenir bien plus ailleurs, consacrer une partie de sa
fortune à des œuvres de charité dans le but d'acquérir
des richesses dans les régions d'outre-tombe, amasser

---

4   L'activité grossière.
5   Le Paradis des Indous, le Ciel.

du bonheur dans le royaume superphysique afin de jouir des résultats dans *Svarga,* il n'en était pas moins vrai qu'à cette époque, si les actions étaient généralement motivées par le désir d'en recueillir les fruits, on ne devait jouir de ces fruits que dans les régions d'outre-tombe, au lieu de s'en tenir aux joies matérielles de la Terre.

Par contre, si nous considérons le genre d'activité que l'on déploie aujourd'hui autour de nous, si nous étudions la voie dans laquelle l'Occident en général s'est engagé et que l'Orient tend de plus en plus à adopter, nous constaterons que les résultats que les hommes désirent retirer de leurs actes, que le bénéfice qui constitue le motif de leurs efforts et le but de leurs travaux, doivent être recueillis de ce côté-ci de la tombe et consister, d'une façon générale, en un accroissement des choses matérielles, être représentés par l'acquisition et la possession de richesses matérielles. Étudions un instant les nations occidentales. Nous les voyons travailler sans cesse à accroître leur bienêtre. Je puis vraiment appeler cela une activité maladive. Un homme n'est jamais supposé faire quelque chose, à moins que son labeur ne se traduise par des résultats obtenus sur le plan matériel physique. L'activité n'est pas reconnue comme telle, à moins qu'elle ne produise des résultats dans le monde physique, dans le monde extérieur ou monde matériel inférieur. Vous rencontrez très souvent des hommes qui s'adonnent à la science. Tandis que le savant chercheur peut n'être animé que par l'amour de la science pure et simple, l'intérêt que le public attache à ses découvertes, l'ardeur avec laquelle il s'approprie les résultats qu'il obtient, naissent de ce que l'avancement de la science confère de plus grandes facilités pour amasser, pour accroître la satisfaction des désirs matériels, pour augmenter l'abondance des richesses matérielles. Nous nous trouvons en présence d'une multiplication infinie des choses. Il y a comme une lutte entre les choses qui servent à satisfaire les désirs et la création de nouveaux désirs, dont la satisfaction exige de nouveaux procédés. Nous assistons à une lutte incessante entre les hommes du monde, entre les amateurs de richesses et de plaisirs, qui sont poussés par le désir d'éprouver des sensations nouvelles, de déployer un nouveau genre d'activité, de découvrir de nouveaux débouchés à leur activité, et ceux qui s'efforcent de satisfaire leurs désirs, qui cherchent, à inventer quelque chose de nouveau, afin de stimuler de nouveaux désirs et de se créer ainsi de nouvelles occupations pour eux-mêmes. Les hommes aspirent donc toujours à augmenter de plus en plus la somme des plaisirs dé même genre dont ils jouissent. Ils ont appris à voyager plus vite ; les voyages qui, jadis, absorbaient peut-être la plus grande partie de l'année, se font aujourd'hui en un mois environ, et les voyages d'un mois s'achèvent en quelques semaines, ou même en quelques jours. L'homme en est-il beaucoup plus heureux, et ses désirs ont-ils été satisfaits ? Non ! Le cri d'appel qu'il adresse au savant est toujours le même : « Découvrez-nous une nouvelle force motrice, quelque chose qui dépasse ce que l'on peut obtenir au moyen de la vapeur, quelque chose comme l'électricité, si vous voulez, qui nous permette de traverser en deux jours les continents et les océans, et de voler au-dessus de la terre avec une plus grande rapidité. Nous sommes las de la vapeur ; découvrez un moteur, électrique ou autre, qui nous transporte avec une plus grande vélocité. »

Dans quelle mesure cet accroissement de rapidité rend-il l'homme plus heureux ? Dans quelle mesure son progrès spirituel serait-il accru, s'il pouvait accomplir en un jour ce qui eût nécessité autrefois un an de labeur ? Une vélocité toujours croissante, des vaisseaux de plus en plus grands ; les efforts des hommes se succèdent sans interruption dans cette voie. Les journaux proclamaient récemment qu'un nouvel homme allait naître sur une terre régénérée, parce que l'on a l'espoir de créer des aliments chimiques au lieu d'avoir recours à l'agriculture, parce que la science avance et que l'accumulation des richesses augmente. Cette tentative est condamnée à un échec. Cette poursuite inquiète du plaisir, au moyen d'un accroissement d'activité, n'a pas de limites. On peut acquérir de plus en plus, accumuler toujours davantage et, au milieu de tout cela, l'homme restera las et mécontent, parce que dans rien de tout cela on ne peut découvrir l'Âme suprême et que l'âme de l'homme, dont la nature lui est identique, est toujours lasse tant qu'elle n'a pas trouvé un refuge en Elle. C'est pour cette raison qu'en suivant cette direction particulière de Karma, on ne peut obtenir aucune satisfaction définitive. Un homme lutte toute sa vie pour acquérir des richesses, mais il reste mécontent et, au milieu de tout ce qu'il possède, il aspire à quelque chose de plus. C'est avec raison que *Manou* a dit qu'il serait aussi facile de chercher à éteindre un incendie en jetant du beurre sur le feu, que de chercher à éteindre les désirs en leur fournissant, pour les satisfaire, les choses mêmes auxquelles ils aspirent. Ce genre de satisfaction aboutit à la satiété, et le Moi, qui domine tous les objets des désirs, poussera l'âme en avant, à la recherche d'une satisfaction plus profonde.

Après un certain temps, l'homme qui suit le Sentier de *Karma* s'aperçoit de cela. Il constate qu'il est las, contrarié et mécontent; que plus il amasse, plus les causes de mécontentement surgissent autour de lui et plus son désappointement est amer et profond. La réaction se produit alors. Il comprend qu'ici-bas il n'y a ni satisfaction, ni contentement. Il s'écrie : « Je veux quitter le monde, je veux renoncer à tous les objets des sens, parce qu'ici, sur la voie de *Karma*, on ne trouve ni la paix ni le contentement », et, par dégoût, l'homme fuira momentanément tous les objets des sens et cherchera la paix dans la solitude d'une vie de réclusion ; mais, à son grand désappointement, il constatera avec découragement et chagrin que ce n'est pas en fuyant les choses qui excitent les désirs que l'on peut arriver à supprimer le désir lui-même. Il découvre que le penchant qu'il a pour ces choses le poursuit jusqu'au milieu des jungles. Les images des objets des sens le suivent dans sa grotte et dans son ermitage, et son esprit se fixe longuement sur ces images sensuelles. Bien que le corps soit mis à l'abri, l'homme reste la proie des désirs, il est toujours déchiré par le conflit des passions de sa nature inférieure, car le désir ne s'éteint pas au moyen de la suppression externe de la chose qui le provoque. Ses racines s'enfoncent plus profondément dans la nature humaine, et il faut poursuivre sa marche sur le Sentier de *Karma* si l'on veut que le désir disparaisse.

C'est alors que la voix du Seigneur arrive jusqu'à lui dans le silence de cette inaction qu'il s'est imposée. La voix se fera entendre au milieu du silence et prononcera ces paroles de l'éternelle sagesse : « L'homme ne s'affranchit pas de l'action en restant inactif et ne s'élève pas jusqu'à la perfection en renonçant simplement (à l'activité). » *(Bhagavad Gîtâ, III, 4.)*

Ce n'est pas au moyen de l'inaction extérieure, mais grâce à l'affranchissement du joug des désirs, que l'on doit parcourir le Sentier de *Karma*. L'affranchissement du joug de l'action ne peut être obtenu en forçant le corps à s'abstenir de toute activité. Le Sentier de l'action doit être parcouru avant que l'âme puisse être libre. La liberté est conquise sur cette voie elle-même, en y apprenant une leçon plus sérieuse que le simple transport du corps de la ville au milieu des jungles. L'homme tire cette leçon de la même source divine : le devoir de l'homme qui vit au milieu du monde et qui voudrait cependant être libre de tout attachement. Il apprend qu'il doit agir, mais que le motif qui le fait agir doit être changé. Il doit parcourir le Sentier de l'action, mais le motif de ses actes doit être nouveau et revêtir un caractère divin. La même Voix, le même Instructeur insuffle alors une fois de plus son enseignement dans l'âme de l'homme, las et épuisé, qui cherche la liberté : « De même que l'ignorant agit par amour de l'action, *ô Bhârata*, de même le sage agit sans attachement, en ne désirant que la conservation de l'humanité. » *(Bhagavad Gîtâ, III, 25.)*

Ici, un changement réel se produit. L'homme ne se lance plus tête baissée au milieu des activités extérieures, en désertant la place que *Karma* a marquée pour lui dans le monde, il ne manque pas à ses devoirs envers sa famille ou son pays, mais il apporte un nouvel esprit dans l'accomplissement de ces devoirs, il agit sous l'inspiration d'une impulsion nouvelle. Sa place peut être celle d'un homme dont le devoir est d'acquérir des richesses. Qu'il les acquière! Mais là où un ignorant entasserait les richesses pour en jouir, qu'il travaille, lui, sans attachement; que les richesses affluent entre ses mains, mais qu'il en prenne possession comme s'il était l'intendant du monde et non le propriétaire de ces richesses. Il travaille pour le bien de l'humanité et non par amour de l'action. Un tel homme emploie ses richesses à créer de nouveaux débouchés à l'activité humaine. Il sera l'auteur de projets Magnifiques, il méditera, travaillera et peinera sans cesse pour le bien des hommes; de même qu'un autre travaille et peine dans l'intérêt de son propre Moi personnel et dans l'intérêt de ses proches, celui-ci travaillera pour les autres et emploiera ainsi ses facultés pour le bien de l'humanité.

À ce moment, il est soumis à une tentation plus subtile. Cette œuvre de conservation de l'humanité peut elle-même cacher un but personnel et peut avoir pour point de départ une source d'actions, plus subtiles, peut tendre à l'obtention d'un résultat d'un genre tout différent. En effet, l'auteur de grands projets bienfaisants est anxieux de les voir réussir : Il désire le succès, et ce qui le pousse, c'est en partie cette aspiration au succès, à la joie de voir son labeur produire des fruits. Peut-être aussi désire-t-il l'amour et la gratitude de ses semblables, peut-être désire-t-il mériter leur approbation. De la sorte, il pourrait aspirer à retirer un bénéfice personnel de ses actes, mais il ne doit pas en être ainsi. Si un motif personnel entre en jeu, il se trouve lié par le fruit de ses actes, il se trouve enchaîné par le résultat souhaité.

Aussi le même Seigneur qui l'a déjà instruit, le même Instructeur Divin qui lui a fait comprendre que l'affranchissement du joug de l'activité extérieure n'équivalait pas à l'affranchissement du joug de l'action, que le sage doit agir dans le seul but de servir l'humanité, ce même Instructeur lui enseigne main-tenant une leçon plus profonde, lui fait faire un nouveau pas en avant sur le Sentier, — il lui enseigne la grande leçon du renoncement à tous les fruits de l'action, de l'abandon, plein d'amour et de joie, de toutes les impulsions qui ont leur source dans le moi personnel. La leçon se trouve dans ces paroles du Seigneur : « Tu n'as à t'occuper que de l'action seulement et jamais de ses résultats », même si ces résultats sont représentés par l'amour et la gratitude qui réjouissent l'homme inférieur. « Jamais avec ses résultats »; ceux-ci ne doivent jamais être alliés aux motifs. L'Instructeur ajoute ensuite « Ne sois pas poussé par le résultat de l'action et ne sois pas non plus attaché à l'inaction. » *(Bhagavad Gîtâ,* II, 47.) Renonciation parfaite. N'être plus mu par le désir personnel de jouir ici-bas des résultats, n'être plus mu par le désir personnel de jouir des résultats dans les régions d'outre-tombe, n'être plus mu par le désir personnel supérieur de récolter l'amour et la gratitude de ses semblables, mais renoncer à tous les désirs et accomplir l'action sans tenir compte de ses résultats. Vienne le succès; qu'importe à l'auteur de l'action? Vienne l'insuccès; qu'importe à celui qui s'est acquitté de sa tache? « Bien équilibré dans le succès comme dans l'insuccès: cet équilibre s'appelle la Yoga. » *(Bhagavad Gîtâ* II, 48.)* Rester le même dans le succès comme dans l'insuccès, dans le plaisir comme dans la peine, dans l'honneur comme dans le déshonneur, dans l'amour comme dans la haine. Rien de ce qui touche le moi inférieur n'est mêlé à l'activité. L'action fait partie de l'Œuvre du Seigneur et, quel qu'en soit le résultat, elle provient du Seigneur. Vous établissez un projet dans l'intérêt des hommes et votre projet échoue. C'est bien.

Vous établissez un projet dans l'intérêt des hommes et votre projet réussit. C'est encore bien. Vous n'aviez pas le succès pour objectif; vous n'aviez pas l'insuccès pour objectif. Votre seul but était d'accomplir votre devoir. Quel que soit le résultat de l'action, l'homme demeure indifférent et paisible. L'action seule constitue son devoir. La vraie manière de parcourir la Voie de *Karma* est la suivante : ne pas rechercher l'action lorsqu'elle ne se présente pas; ne pas refuser de l'accomplir lorsqu'elle se présente. Être prêt à agir lorsque le devoir l'ordonne; être prêt à rester inactif si aucune tâche à accomplir ne fait partie du devoir actuel; rester absolument indifférent à tous les résultats. L'homme qui parcourt ainsi la Voie de *Karma* peut vivre dans un palais, peut être nourri avec les mets les plus délicats et les plus savoureux, il peut être entouré d'objets agréables aux sens, il n'en restera pas moins impassible. Tout cela peut exister ou disparaître, « les sens se meuvent au milieu des objets sensibles » *(Bhagavad Gîtâ, V, 9)*, quant à moi, je reste indifférent et paisible. Ces choses ne lui causent ni plaisir ni répulsion. Il ne repousse pas les objets lorsqu'ils sont présents, et ne les désire pas lorsqu'ils sont absents. Il se trouve précipité d'un palais dans une chaumière; au lieu de riches vêtements, il se trouve couvert de haillons; au lieu de plats savoureux il lui faut se nourrir des aliments de hasard que lui donnent les pauvres, — que lui importe ? Il ne désirait pas les biens qui ont disparu, pas plus qu'il ne les repoussait lorsqu'il les avait sous la main. Il est aussi heureux dans la chaumière que dans le palais, aussi heureux dans le palais que dans la chaumière. Ni l'un ni l'autre ne l'attire, ni l'un ni l'autre ne lui inspire de la répulsion. Ce sont des énergies extérieures de la Nature, des illusions transitoires de la Matière. Que sont ces choses pour lui qui a atteint la renonciation, pour lui qui ne tient aucun compte des résultats et n'attache de prix qu'à l'accomplissement du devoir ? C'est là une existence sublime, une noble existence, une des existences les plus dures à mener, — vivre entouré de toutes choses et rester absolument indifférent à toutes dans la richesse et dans la pauvreté, au milieu du plaisir ou de la peine, au sein de l'honneur ou de l'ignominie, agir avec une égale satisfaction, avec une égale sérénité, faire preuve du même calme. Quel sommet n'a-t-il pas atteint, cet homme qui a parcouru le rude Sentier de *Karma*, devenu aujourd'hui la Voie de Karma Yoga[6] ! Il approche de cette phase de la Yoga où toutes les Voies se fondent en une et où la volonté Suprême Se dévoile à l'homme qui est délivré des illusions de la matière.

---

6   L'Union par l'action. Méthode de purification.

Du sein de cette vie — de cette vie qui ne demande rien, qui ne cherche rien, qui ne réclame rien et ne refuse rien — du sein de cette vie jaillit la sagesse. Comment pourraient-ils manquer de discernement, les veux de celui qui a appris à établir une distinction entre les activités extérieures et le moi, en renonçant au désir tout en accomplissant l'action ? Un tel homme devient sage par l'action, comme un autre devient *sage* par les études intellectuelles et la contemplation, mais il y a encore un autre Sentier — le Sentier de *Bhakti*[7] — et il doit se confondre avec les deux autres lorsque le pèlerinage est achevé.

À ce moment, on a mérité d'entrevoir le Suprême. Les yeux, purifiés de tous désirs, L'aperçoivent sous tous les voiles de la matière. Le cœur, qui n'est plus souillé par aucun désir, voit tout au fond de lui-même l'âme unique et universelle. Cette vision du Suprême, cet aperçu de l'Éternelle Beauté, met la dernière touche à la Karma Yoga, fait faire le dernier pas sur la Voie Karmique et ce dernier pas n'est autre que la leçon du sacrifice. Cette leçon est encore donnée par le même Instructeur, elle jaillit des mêmes lèvres Divines ; une fois de plus, l'âme qui est purifiée, qui a appris la leçon de l'activité considérée comme un devoir, la leçon de la

_____

7   Le Sentier de la Dévotion.

renonciation aux fruits de l'action et qui se conforme à la loi, cette âme arrive à la leçon suprême ; « Le monde est enchaîné par toutes les actions, à moins qu'elles ne soient accomplies dans un but de sacrifice. » *(Bhagavad Gîtâ,* III, 42.) Toutes les actions doivent être maintenant accomplies, non seulement sans désir d'en recueillir les fruits, mais encore dans un but de sacrifice au Suprême. L'homme doit devenir un collaborateur du Seigneur, un compagnon de travail de la Divinité Elle-même. Jadis, il agissait en vue du résultat, ensuite il apprit à le faire pour le bien de l'humanité, puis il le fit pour s'acquitter d'un devoir, en renonçant à tous les résultats, en acceptant tout de la même façon, et enfin il apprend à le faire pour le bien dans un but de sacrifice, et chacune de ses actions devient un acte d'adoration, est transformée en un hommage au Suprême. C'est alors que sur la Voie de *Karma* il goûte vraiment la joie du Seigneur ; la béatitude divine commence alors à s'épandre en lui. Il apprend à renoncer et à souffrir sans attachement pour le moi inférieur, et le moi supérieur l'inonde, emplit son être, et il constate qu'il ne fait qu'un avec le Suprême. La joie la plus profonde se répand partout en lui ; sa tâche est accomplie comme un sacrifice et il éprouve les joies du sacrificateur. Il participe à la vie *d'Ishvara*[8], il est un chenal servant à la transmission de l'Œuvre du Seigneur, il voit toutes les actions s'accomplir comme un sacrifice qu'on Lui fait — à Lui l'unique Artisan, l'unique Sacrifice, Lui le Dispensateur, Lui qui recueille tous les résultats, Lui qui en jouit, tout étant concentré en Lui. Lorsque ce sacrifice parfait est accompli, lorsque la vie se donne toujours et ne prend de personne sauf de Dieu, lorsque la lumière jaillit d'elle, mais qu'elle ne demande rien pour elle-même, lorsque le Soleil brille jusqu'aux extrêmes limites de ce monde, sans attacher d'importance à son propre éclat, en ne demandant rien que d'appartenir au Seigneur — à ce moment la Voie de Karma entre dans la Paix Suprême. L'homme alors a atteint son but, il est arrivé à l'union avec Dieu.

Nous pouvons donc conclure en reproduisant l'enseignement et la promesse du même Instructeur Divin, dont nous venons de nous efforcer de comprendre les préceptes et de les appliquer à nos propres vies. Cet enseignement et cette promesse sont contenus dans ces paroles puissantes : « Le moi discipliné qui se meut an milieu des objets sensibles, les sens libres de toute attraction ou de toute répulsion, qui est maîtrisé par le moi Divin, marche vers la Paix… »

---

8   Le Logos.

« Ceci est l'état de *Brahman,* ô fils de *Pritha.* Aucun de ceux qui l'atteignent n'est égaré. Celui qui, même à l'heure de la mort, reste fixé dans cet état, va dans le *Nirvâna de Brahman.* » *(Bhagavad Gîtâ,* III, 64, 72.)

JNÂNA MARGÂ

Nous avons examiné hier comment on pouvait chercher le Divin au moyen de l'activité. Nous avons étudié cette Voie de l'action, que tant d'êtres humains doivent parcourir. Au cours de cette étude, nous avons appris comment un homme peut se développer et passer de l'attachement au détachement, comment il peut mettre la renonciation en pratique, et comment enfin il peut atteindre le Suprême par le sacrifice. Cet après-midi, nous allons étudier la seconde des grandes Voies qui mènent à Dieu, celle que l'on appelle la *Jnâna Mârga* ou Sentier de la Sagesse. C'est une Voie qui n'est parcourue que par la minorité, qui n'est pas faite pour la masse de l'humanité et qui est hérissée de dangers d'une nature toute spéciale, surtout pour ceux qui ne sont pas exercés, pour ceux qui n'ont pas passé par les premières phases de la purification. En effet, on ne rencontre, ni sur le Sentier de *Karma*, ni sur celui de *Bhakti*, le même danger de fausses conceptions, la même probabilité de confusion, la même possibilité de faire complètement fausse route, si l'on ne s'est dûment préparé à affronter les phases supérieures qui se rattachent à la *Jnâna Mârga*. Il nous faut la décrire depuis ses premières phases jusqu'à son développement final. Il nous faut étudier la façon dont elle conduit de la vie du monde au but Suprême. Nous l'étudierons phase par phase, afin de la bien comprendre, afin d'éviter les fausses conceptions et de ne pas risquer de tomber dans les pièges qui la bordent de part et d'autre et qui trompent tant de pèlerins infatigables.

J'ai déjà dit qu'il n'était donné qu'à peu de personnes de s'engager sur cette voie. La voie qui a son point de départ dans l'intellect pur, bien qu'elle dépasse cet intellect pur durant ses dernières phases, implique chez l'homme qui voudrait la parcourir le développement d'un intellect subtil, très étendu, très vaste et très pénétrant. Les sens doivent être domptés, l'esprit doit être cultivé, et cela, non pas dans le but d'obtenir quelque chose en l'exerçant, mais seulement en vue d'éprouver plus tard les joies pures de la pure sagesse ; l'esprit ne doit pas être souillé par le désir d'obtenir, comme résultat du savoir, quelque chose qui puisse se rattacher à la satisfaction des désirs inférieurs de l'homme. Comme nous l'avons observé hier, l'intellect est souvent mis au service des satisfactions sensuelles. La science est souvent employée à accroître l'accumulation des choses matérielles, dans le but de rendre le monde physique plus confortable. L'homme qui se prépare à parcourir le Sentier de la Sagesse doit s'être élevé au-dessus de tous ces désirs inférieurs, doit s'être détourné des attractions des sens et doit trouver, d'abord dans le savoir, et plus tard dans la sagesse, la récompense qui est amplement suffisante par elle-même et qui n'a besoin d'aucun avantage accidentel pour exercer de l'attraction sur l'homme interne. *Tamas*[9] doit être complètement dompté, ne doit plus être capable d'influencer sa nature, ne doit plus être à même de river les pieds de l'homme dans la boue qui relève du monde inférieur. *Rajas* doit être appliqué à l'acquisition du savoir ; toutes ses énergies doivent être concentrées dans le but d'amasser des connaissances, avant qu'il puisse approcher le moins du monde du Sentier de la véritable Sagesse.

Durant les premières phases de la Voie, durant ce que nous pourrions appeler les phases du début, le savoir sera recherché pour lui-même. Vous pouvez reconnaître les âmes qui se sont engagées sur cette Voie, en étudiant comment un homme développe en lui-même, ou vient au monde avec la tendance innée

---

9   L'Inertie.

qui pousse l'Égo à acquérir des connaissances, en n'aspirant à rien d'autre qu'aux délices de la découverte, à la joie de posséder une vaste intelligence et d'avoir conscience de l'accroissement des facultés de l'esprit. Vous trouverez de ces hommes un peu partout sur la surface de la terre, mais ils sont peu nombreux et disséminés ; — ce sont des hommes qui ne tiennent ni à la célébrité, ni aux richesses, qui n'ambitionnent ni les éloges de leurs contemporains, ni la satisfaction de leur nature inférieure. Ce sont des fidèles de la science, à cause des joies que cette science leur procure, et cette recherche comporte sa propre récompense. Jusqu'à leur mort, ils cherchent passionnément à augmenter leur savoir. Ils aspirent à connaître la nature de l'univers, la nature de l'homme, ils aspirent à escalader les sommets de l'existence et à plonger dans ses profondeurs, à pénétrer tous les secrets de la Nature, à s'assimiler toutes les connaissances que le monde extérieur est capable de leur procurer. Le savoir, comme nous l'avons dit, n'est pas la sagesse. Le savoir a sa source dans l'observation des phénomènes, dans l'assemblage de toutes ces observations, dans leur classement, dans la recherche d'un principe latent en vertu duquel on puisse grouper, classifier et coordonner tous ces phénomènes observés séparément et ensuite tirer de leur ensemble une hypothèse qui s'applique à eux tous et les explique tous. L'étudiant prend ensuite pour point de départ cette hypothèse basée sur l'observation et sur les raisonnements tirés des résultats de l'observation et, la comparant de nouveau avec les phénomènes du monde extérieur, imaginé des expériences pour en éprouver le bien-fondé, emploie toutes les méthodes qui lui permettent de vérifier sa justesse ou sa fausseté et, après avoir complété toutes ses expériences, il peut dire : « Je me suis livré à des expériences et j'ai abouti à un résultat invariable que prédisait mon hypothèse. » Ce résultat est alors *considéré* comme une Loi de la Nature sur laquelle les hommes peuvent se baser avec certitude. C'est ainsi que travaillera le savant, en accomplissant une œuvre admirable en son genre, en étudiant soigneusement, en observant avec une infinie patience, en déployant ce que l'on a appelé « la sublime patience du chercheur », en posant sans cesse des questions à la Nature, en l'interrogeant mois par mois, année par année, jusqu'à ce qu'elle lui fournisse une réponse constamment identique qui lui permette de se baser sur une vérité solide comme un roc, sur lequel la science puisse s'appuyer dans sa marche en avant vers de nouvelles découvertes. Si vous voulez vous rendre compte de la façon dont on acquiert ainsi le savoir, prenez pour exemple Darwin, le grand naturaliste anglais, dont les merveilleuses expériences ont fait l'admiration des hommes de sa génération, comme de ceux des *générations* suivantes. Vous le verrez, par exemple, se consacrer à la culture de certaines plantes, changer le terrain, régler la lumière, observer toutes les conditions qui les entourent, donnant à l'une davantage, à l'autre moins, faisant varier les conditions de toutes les manières possibles et prenant note des résultats produits par chaque variation. Vous le verrez, peut-être, recommencer une centaine de fois ses observations. Il faut cela pour qu'aucune inexactitude ne se glisse dans son œuvre, pour qu'aucune conclusion hâtive n'en soit tirée, pour qu'aucun aspect partiel ne soit pris pour le tout, pour qu'aucune erreur ne soit commise en relevant la succession des causes et pour qu'une simple succession de phénomènes ne pousse pas l'observateur à se faire une idée erronée d'un ordre de choses qui ne change jamais. Ce culte de la vérité, cette sincérité, qui détermine l'homme à entreprendre un travail sans fin avant de risquer une assertion, sont admirables. Tout cela constitue un culte réel voué à ce Dieu de vérité, dont l'intervention se manifeste dans les lois du monde physique. Cette patience même qu'il déploie est la preuve du désir réel et sans mélange qui pousse l'homme à acquérir des connaissances. Pour un travailleur comme celui-là, rien dans la Nature n'est petit, rien n'est grand. Tous les phénomènes sont étudiés avec la même précision patiente, que ce soit l'orbite de soleils ou les mouvements auxquels se livrent des créatures microscopiques dans une goutte d'eau.

Qui saurait dire où le savoir peut se cacher, qui saurait dire de quel côté se tend le doigt de la Nature pour indiquer la voie qui conduit à une nouvelle découverte ? Il se peut que les mouvements d'un atome, observés au moyen du microscope, indiquent mieux l'intervention divine dans la Nature que le chemin parcouru par une comète en décrivant son orbite, lorsqu'elle tourbillonne dans l'espace pour se plonger ensuite dans les abîmes sans fin. Rien n'est petit ni grand, tout n'est qu'une manifestation de la Nature et peut cacher le secret de sa manière de faire. À mesure qu'il étudie, l'homme apprend que la Nature travaille avec le même soin, avec la même exquise délicatesse, avec la même rectitude géométrique et la même précision dans la forme, lorsqu'elle façonne l'enveloppe d'un invisible atome, que lorsqu'elle crée un système solaire de planètes tournant autour de leur soleil central. Cette théorie de la nature — d'après laquelle tout dans la nature est digne d'être étudié — fait partie de la vie même de l'homme qui s'est consacré au savoir et se retrouve dans ses recoins les plus obscurs. Vous raconterai-je une curieuse fable qui met cette vérité fortement en lumière, en nous présentant un tableau frappant qui exprime, aussi parfaitement qu'aucun de ceux que j'ai rencontrés dans mes lectures, cette caractéristique qui se dessine durant les premières phases de cette Voie ?

Un Russe célèbre, auteur de nombreux contes que quelques-uns d'entre vous ont pu lire, je veux parler de Tourguenieff, a écrit la fable suivante pour nous montrer comment la Nature prépare ses plus petites productions avec autant de soins qu'elle en apporte à la préparation de ses créations les plus grandes et les plus imposantes. Il raconte qu'il a traversé un temple majestueux creusé dans le roc, un vaste temple dont les limites invisibles se perdaient de toutes parts dans l'obscurité, un temple si vaste que seules les ténèbres semblaient le limiter : la roche vive lui servait de toiture et de sol, la roche vive formait ses piliers et les arceaux de son toit gigantesque. En avançant à travers ce temple, il aperçut une puissante Déesse assise, dont la taille était gigantesque et les formes magnifiques, dont la puissance divine, l'amour et l'intelligence faisaient rayonner la face. Cette figure héroïque, assise seule au milieu de cet immense temple creusé dans le roc, était l'incarnation de la force et de la sagesse. La Déesse était absorbée par un travail — penchée sur sa tâche dans une intense contemplation, ses doigts travaillaient assidûment à façonner un objet, à produire une créature. Ses sourcils se fronçaient sous l'empire d'une profonde attention; toutes ses pensées étaient concentrées sur son travail. Un profond silence régnait partout autour d'elle. Tremblant, il avança, en se disant: « Certainement cette Déesse est occupée à façonner le cerveau d'un héros puissant ou d'un grand penseur; un illustre membre de l'humanité accapare son attention, et toutes ses facultés sont concentrées sur sa gigantesque tache. » Il s'approcha respectueusement et lui demanda ce qu'elle faisait. La Déesse leva la tête et répondit — d'une voix profonde et douce qui se répercuta dans l'espace autour d'elle : « Je façonne la patte de derrière d'une puce. »

Telle est la fable. Sa signification est assez claire : elle dépeint la manière de voir qu'apprennent les disciples du savoir lorsqu'ils se rencontrent avec la puissante Déesse, c'est-à-dire que pour Elle toute chose est digne de la perfection. La plus petite comme la plus grande, la plus humble comme la plus puissante, renferment en elles quelque chose de l'Esprit de la Nature, et les travailleurs sondent les secrets de la Nature avec une respectueuse assiduité, de sorte que le savoir grandit et que les différentes sciences sont successivement fondées.

Le microscope déroule sous nos yeux le monde illimité des infiniment petits, et le télescope celui des infiniment grands. En haut et en bas, dans toutes les six directions de l'espace, s'ouvrent devant nous de nouveaux champs. Supposons qu'il ait conquis les régions physique, astrale et mentale ; il n'aura conquis que les trois mondes de cette petite sphère, tandis que le reste de l'Univers sans limites s'étend autour de lui, inconnu et inexploré, source de découvertes toujours nouvelles. De nouvelles sources de savoir attirent de toutes parts l'étudiant. Notre système solaire renferme toute une série de mondes à conquérir. Supposons qu'un homme soit armé, comme il pourrait l'être, de façon à pouvoir étudier toutes les régions de l'espace solaire, qu'il ne soit entravé par aucune limite imposée par l'existence physique. Que cet aspirant au Savoir passe du monde physique au monde astral qui est aujourd'hui invisible aux yeux de la chair. Là, il lui faut acquérir la Connaissance de toute une variété d'objets, de toute une variété de phénomènes et de possibilités nouvelles. À mesure que l'intellect évolue, de nouvelles capacités, de nouvelles profondeurs de l'être, se déroulent devant ses yeux éblouis. Il conquiert l'astral et un monde nouveau s'ouvre devant lui : le monde de l'intellect fournissant encore une nouvelle infinité de choses à observer, d'expériences variées à acquérir.

Supposons qu'il fasse la conquête des planètes, les unes après les autres, jusqu'à ce que toutes, avec leurs vastes champs de phénomènes, lui soient aussi familières que l'est pour nous la ville que nous habitons. Imaginons-nous qu'après la conquête de ce système solaire, il entreprenne la conquête d'autres systèmes à travers l'infini de l'espace. Où sera le terme de la connaissance ? À quel moment l'intellect reconnaîtra-t-il qu'il est épuisé ? Il a beau accumuler la connaissance, entasser mondes sur mondes, systèmes sur systèmes, l'inconnu ne l'en entoure pas moins de toutes parts et l'inexploré l'appelle dans ses mystérieuses profondeurs en même temps que la soif du savoir aiguillonne l'âme paresseuse. On raconte l'histoire du pilier de feu dans lequel Mahâdéva [10] s'entendait en haut et en bas et qui se perdait dans l'infini de l'espace. Brahmâ s'éleva dans les hauteurs durant mille ans et constata que le pilier de feu s'étendait encore au-dessus de Lui : Vishnou plongea dans les abîmes pendant mille ans et le feu s'étendait encore au-dessous de Lui. On peut considérer ce récit comme le tableau représentant l'Être Divin Infini qui Se manifeste dans tous les mondes et qui dans chacun de Ses mondes ne dévoile qu'une fraction de Ses possibilités. L'Aparâ Vidyâ, la connaissance des phénomènes n'a pas de limites ; il n'y a pas de limites aux recherches. Les ailes de l'âme battent dans les abîmes sans fin de l'espace et le mental plein de lassitude

---

10   La Trinité indoue : Mahâdéva ou Shiva Vishnou, Brahmâ.

retombe vaincu, dérouté et incapable de compléter sa connaissance.

Cependant, durant cette recherche de la connaissance, durant cette accumulation d'observations, l'Âme Divine a parlé au cœur de l'homme. Elle s'est révélée cachée sous le voile de Mâyâ, elle lui a fait comprendre que tous ces objets ne sont qu'illusoires et que l'éternel et l'infini ne font qu'un; qu'il n'est pas nécessaire d'acquérir tout le savoir avant que la véritable sagesse n'ait pu être *gagnée;* qu'il n'est pas nécessaire de s'emparer de l'univers avant que le Moi Divin ne puisse être distingué sous le voile de l'illusion, et le degré qui mène de la connaissance à la sagesse peut être franchi à n'importe quel moment de la poursuite, car le Moi est caché partout: « et rien de ce qui se meut ou de ce qui est immobile ne peut exister hors de moi[11] ». L'homme a vaguement conscience de l'Unique caché sous le multiple. Il a vaguement conscience de Sa présence sous les voiles qui Le cachent aux yeux des hommes. Lassé par une poursuite sans fin, car les objets succèdent aux objets, lassé par une Voie qui n'offre aucun but, car l'observation des phénomènes est infinie, pour l'intellect, l'homme sait, d'abord vaguement, mais néanmoins véritablement, qu'il doit aban-

---

11   *Bhagavad Gîtâ*, X, 39.

donner les objets, qu'il doit abandonner l'observation,
qu'il doit abandonner le monde extérieur et tourner
son attention vers l'intérieur et non pas vers l'extérieur,
qu'il doit porter ses regards sur le centre et non sur
la circonférence du cercle. En nul point de la surface,
fouillât-il tout l'univers, il ne découvrira le Divin ; s'il
cherche à l'intérieur, le Moi Divin se manifeste partout.
C'est alors que s'éveillera chez cet homme, lentement
et en s'affirmant graduellement, en se faisant sentir au
cours de cette troublante succession de phénomènes,
ce que l'on appelle Vivéka ou le discernement — la
faculté de discerner l'Éternel au milieu du transitoire,
le Divin dans les objets, l'Unique caché dans le multiple, le véritable but de toute recherche, le Sat [12] Infini
et Éternel. Il commence à distinguer l'apparence de
la substance, l'illusoire du réel, la fausseté de la vérité
qu'elle cache. Cette faculté de discerner constitue le
premier pas qui mène du simple savoir à la véritable
sagesse. L'homme distingue l'Éternel du transitoire et
son pied foule la partie supérieure de la Voie. Le résultat du développement en lui de la faculté de discerner
est la sensation de Vairâgya, le dégoût des aspects extérieurs — la sensation de s'écarter de ces apparences,

---

12   La Réalité éternellement présente dans le monde infini ;
l'essence divine qui *est*, mais dont on ne peut dire qu'elle *existe*, attendu
qu'elle est l'Absolu, *l'Être-té* elle-même *(Theosophical Glossary)*.

le désir de les fuir, la soif de leur échapper en allant n'importe où, loin de la vue de l'homme, dans le silence, dans la solitude, loin de la vie de famille, dans le calme profond de la Nature.

Pourtant, là encore, les phénomènes sont perçus et le Moi se cache encore sous l'illusion. Il a été leurré par cette splendide apparence ; comme un fol enfant il a été trompé au point de croire que le jouet dont il s'amuse est une chose vivante, que la poupée est en vie, qu'elle peut répondre à ce qu'il lui dit et peut éprouver ce qu'il éprouve. Il est presque fâché contre le monde extérieur qui le tenait étroitement attaché par des liens qui semblaient être des chaînes de fer, mais n'étaient, en réalité, que des toiles d'araignées illusoires et non réelles.

Il est délivré de ce dégoût, qui naît des aperçus que fournit le vrai discernement, par la certitude que le progrès est possible pour lui et qu'il existe six attributs mentaux qu'il doit acquérir, au moins jusqu'à un certain point, avant de pouvoir découvrir le Moi sous ses enveloppes cachées, avant de pouvoir vraiment reconnaître le Moi sous les voiles qui le cachent. Le pire ennemi de l'homme, c'est lui-même, dans sa nature inférieure qui correspond au monde physique et au monde astral. L'homme doit apprendre par des expériences répétées, par les désillusions, à n'avoir plus de passions,

jusqu'à ce qu'il ait développé certains pouvoirs sans
lesquels les dernières parties du Sentier ne sauraient
être parcourues, bien que l'intellect seul puisse en parler et les discuter. Il doit acquérir le contrôle du mental, le contrôle du corps, de telle sorte que ni le corps ni
le mental n'aient le moindre pouvoir de le troubler et
qu'ils n'entrent jamais en activité pour répondre simplement à des impulsions externes. Il doit développer
cette largeur de vues qui permet de tout comprendre et
de tout tolérer, qui discerne le but unique sous les méthodes multiples, qui est capable de reconnaître qu'en
suivant des voies très différentes c'est vers le même objectif que l'on tend. Il doit développer cette endurance
sans laquelle la recherche du Divin ne saurait réussir
— cette endurance qui rend l'âme forte. Aucune âme
faible ne peut découvrir son Moi Divin par la voie de
la Sagesse. L'homme doit développer la confiance, sa
propre divinité, il doit se sentir divin, savoir que par
conséquent tout lui est possible et doit développer cet
équilibre que rien ne saurait plus troubler. En effet,
comment le Moi pourrait-il devenir visible, si un manque d'équilibre empêche la vue d'être claire et nette ?

Lorsque l'homme a développé toutes ces qualités,
on dit qu'il est alors prêt à s'engager sur la Voie qui
mène à la libération, qu'il est prêt à se présenter en
candidat devant le portail dont l'ouverture lui donne

accès sur le Sentier de la pure Sagesse pour laquelle il s'est préparé par toutes les épreuves passées, par la pureté de son intellect développé, par l'acuité de son esprit développé, par sa raison qu'il a affinée dans la lutte et par l'acquisition de toutes les autres qualités qui ont constitué le couronnement de sa vie intellectuelle ; — alors, mais alors seulement, on dit qu'il est devenu un Adhikàri, l'homme prêt à recevoir l'enseignement final, la sagesse qui se rapporte au Moi.

Quelle est cette Sagesse ? C'est la connaissance immédiate du Moi — la connaissance de l'Unique, de l'Infini, de l'Éternel, la faculté de Le voir partout, de Le reconnaître sous tous les voiles, d'identifier le Moi unique là où il se montre, c'est-à-dire partout. La Sagesse est définie par Shri Krishna Lui-même, qui a décrit le Sentier de la Sagesse, ainsi que le Sentier de l'Action et le Sentier de la Dévotion, et qui a résumé en une seule phrase la vraie sagesse, celle qui est désignée par le mot Jnâna. Il a dit : « Ô Goudâkesha, Je suis l'Âme qui réside dans le cœur de tous les êtres ; Je suis le commencement, le milieu et, aussi, la fin de tous les êtres [13]. » Un peu plus loin, il explique en détail ce qu'est la Sagesse : « Humilité, absence de prétentions, innocence, clémence, droiture, service du Maître, pu-

---

13   *Bhagavad Gîtâ*, X, 20.

reté, constance, contrôle de soi-même, indifférence
pour les objets des sens, et aussi, absence d'égoïsme,
connaissance approfondie des souffrances et des maux
de la naissance, de la mort, de la vieillesse et de la ma-
ladie, absence de tout exclusivisme dans les affections
de famille les plus étroites et constant équilibre du
mental au milieu des évènements désirés ou redoutés,
dévouement inébranlable envers Moi, sans union avec
un autre, fréquentation des endroits retirés, absence de
plaisir dans la société des hommes, constance dans la
sagesse Adhyâma, compréhension du but de la sagesse ; tout ce qui est contraire est de l'ignorance. Cette
lumière de toutes les lumières s'étend au delà des ténèbres ; c'est la sagesse, le but de la sagesse, le terme de
la sagesse, qui réside dans tous les cœurs [14]. » Telle est
la sagesse, ainsi que le Seigneur de Sagesse le déclare
de sa propre bouche et lorsqu'il parle de l'homme toujours constant dans la poursuite de cette sagesse, il fait
allusion à l'Adhikâri et définit la sagesse comme étant
la connaissance de la Nature essentielle de Brahman [15].
Bien de moins que cela n'est la Sagesse. Sauf cela, tout
n'est qu'ignorance. Le savoir n'est que de l'ignorance
s'il ne connaît que les effets extérieurs. La science n'est
que de l'ignorance, si elle ne s'occupe que de la Mâyâ

---

14   *Bhagavad Gîtâ*, XIII, 7-11, 17.
15   Comparez avec la *Bhagavad Gîtâ*, VIII, 3.

des phénomènes. La sagesse ne réside que dans la connaissance du Moi, dans Sa Nature essentielle, dans Son identité qui pénètre tout.

Étudions, si imparfaitement que ce soit, quelques-uns des alphabets de cette connaissance du Moi qui constitue la Sagesse. Le Moi est Unique. La variété appartient à l'univers extérieur, c'est le jeu des illusions, le voile de Mâyâ qui nous cache la vue de l'Unité qui constitue l'unique Existence, l'unique Vie, l'unique Seigneur de tout l'univers, au delà duquel rien n'existe et qui est Unique. Le Moi est inactif, l'activité appartient à Prakriti, le voile dont s'entoure le Moi est le jeu des *gounas*. La variété et l'activité de la Nature sont les aspects extérieurs — les aspects visibles de cette Unité. La transformation d'une chose en une autre, la naissance, la maturité et la mort, la modification constante des choses vivantes, tout cela constitue le jeu des *gounas* et ces *gounas* se meuvent circulairement, tandis que le Moi reste immuable. Tout cela, c'est le Seigneur entouré de Sa Mâyâ, c'est Vishnou avec Sa Lila[16], c'est le jeu de l'Univers ; tout fait partie de la pensée de ce Suprême. Les formes sont changeantes et, par suite, illusoires : la vie, c'est Lui-même et Il est tout. Il est dit que :

---

16   Son passe-temps.

« Celui qui sait que Prakriti accomplit véritablement toutes les actions et que le Moi est inactif, celui-
là voit juste [17]. » Tel est le développement du discernement, de la vision nette qui sépare le Moi de tous ces
voiles de la Nature sous lesquels Il s'abrite et se cache.
Le Moi est inactif ; Ses mouvements apparents appartiennent à la Nature extérieure. Le Moi est partout,
dans tout, au delà de tout. Une fois de plus, les paroles
de sagesse se présentent à l'esprit : « Il voit, en vérité,
Ishvara également présent en tous lieux [18]. »
    Quelle leçon difficile à apprendre ! Demeurer éga-
lement partout, dans le plus humble et le plus vil comme dans le plus sublime et le plus grand, dans l'atome
de poussière, comme dans le Soleil central de l'Univers, dans tout ce qui est vil et bas ; le Moi du débau-
ché est le même que le Moi du Saint ! Quelle leçon
le Seigneur ne nous enseigne-t-Il pas là ? Quelle signification de pareils mots n'ont-ils pas ? Ils signifient
qu'Ishvara est le même dans tout, car tout l'univers
constitue Sa propre manifestation. Ne dit-il pas : « Je
suis la fraude du tricheur et la splendeur des choses
splendides [19] ! » Pouvez-vous comprendre ce que cela
signifie pour l'Univers ? Cela implique que toutes les

---

17   *Bhagavad Gîtâ*, XIII, 29.
18   *Bhagavad Gîtâ*, 28.
19   *Bhagavad Gîtâ*, X, 36.

expériences sont nécessaires, pour que la Sagesse puis se devenir parfaite. Si vous êtes capables de voir le Moi dans ce qui est beau, noble et sublime, pouvez-vous aussi Le voir dans ce qui est bas, ignoble et répugnant ? Pour l'homme capable de voir ainsi, il n'y a rien de laid, rien de beau — tout fait partie de Lui, tout est nécessaire pour l'évolution actuelle. Chaque chose a sa place, chaque chose sa position, pour jouer le rôle qui lui est dévolu et acquérir de l'expérience, car Il est infini, et les variétés qui doivent mettre en lumière un simple fragment de Lui-même doivent être sans fin. Vous constatez les différences et, par suite, vous voyez les imperfections ; vous voyez un fragment et non le tout dont il fait partie. C'est comme si vous preniez le tapis d'un tisserand et que vous en examiniez l'envers, où se trouve l'extrémité des fils, sans voir le dessin ; vous ne voyez pas non plus l'endroit, où il faut du noir aussi bien que des nuances exquises d'un charmant éclat, chacune à la place qui lui est destinée. Ce Moi divin est Un dans tous les êtres, et aucun n'est en dehors de Sa vie. Aucun fragment n'est exclu du tout. Nos yeux à courte vue ne perçoivent que les imperfections, ils ne voient pas le moi travaillant pour se rapprocher de la perfection ; le tout évolue vers une nature parfaite, et le plus hideux est sur la route qui conduit à la beauté divine, le plus simple est sur la voie qui mène à l'intelligence divine. Aussi, voyez-Le partout, demeurant également en tout, et vous arriverez alors au véritable discernement, et le Moi divin brillera d'un éclat que rien n'obscurcira.

Il est une dernière leçon à apprendre : tout ce qui existe et attire, toutes les choses qui renferment en elles un tant soit peu d'attraction, ne possèdent cette faculté qu'en raison de la Vie divine qu'elles contiennent. S'il était possible que cet élément divin fût absent, toute faculté d'attraction disparaîtrait. Vous souvenez-vous que Maitreyî pria son époux de lui enseigner la leçon de l'immortalité et qu'il lui répondit : « Vois, l'époux n'est pas cher par amour de l'époux, mais c'est par amour du Moi que l'époux est cher. Vois, l'épouse n'est pas chère par amour de l'épouse, mais c'est par amour du Moi que l'épouse est chère. Vois, les fils ne sont pas chers par amour des fils, mais c'est par amour du Moi que les fils sont chers. Vois, la propriété n'est pas chère par amour de la propriété, mais c'est par amour du Moi que la propriété est chère. » Oui et même « les Dieux ne sont pas chers par amour des Dieux, mais c'est par amour du Moi que les Dieux sont chers [20] ». C'est ainsi que le puissant Sage explique à son épouse attentive le mystère du Moi et le mystère de l'amour

---

20 *Brigadârnyakopanishad*, IV, V, 6.

qui s'élance de chaque être séparé vers tous les autres. Cet amour, c'est le Moi qui Se cherche lui-même dans un autre. Le Sage cita ainsi beaucoup d'autres exemples, enseignant que toute chose est chère à cause du voile d'illusions qui l'enveloppe. « Il faut, en vérité, voir et entendre le Moi et méditer sur lui. » C'est là le secret de l'immortalité. Tel fut l'enseignement que le Sage donna à l'épouse qu'il aimait ; telles sont les paroles de l'instructeur qui parle à l'âme attentive du disciple et lui dévoile le secret de la Sagesse. Lorsque cette leçon est apprise ; « Tu es Cela ».

Lorsque cette leçon est assimilée, « Je suis Lui » ; il n'y a aucune différence. Telle est la situation du véritable Jñâni de l'âme libérée qui ne peut plus être affectée par le jeu des *Gounas*, par la roue tournante de la Nature à laquelle elle a échappé. Il y a un Être unique, il n'y en a pas d'autres : Cette leçon vraiment apprise constitue la rupture de tous les liens, la libération de l'âme. Chez un tel homme, tous les désirs sont morts, les activités du mental sont à l'état de repos. Il ne fait rien, parce que le Moi fait tout par son entremise. Là, gît le secret de « l'action dans l'inaction », là, gît le secret de la véritable Sagesse. Il peut agir avec son corps, avec son mental, mais il ne fait rien.

Comment vit-il donc ? Avant de dire un mot de plus à ce sujet, laissez-moi vous rappeler une histoire frappante, pour vous mettre à même d'établir une distinction entre la vraie sagesse et la sagesse factice. On raconte dans l'un des livres sacrés l'histoire de Shri Krishna et des Gopis[21], par rapport au grand Richi Durvâsâ. Durant quelque temps, ce Richi ne mangea qu'une fois par an et il lui fallait alors, pour ce seul repas, une énorme quantité de nourriture. Les Gopis avaient coutume de lui porter ce repas annuel ; lorsque vint le moment de porter les vivres, elles rassemblèrent une grande quantité de vivres de prix, les entassèrent sur un grand nombre de plats et quelques-unes d'entre elles partirent, pliant sous le poids de ces mets délicats. Elles arrivèrent près de son âshrama[22], mais un large fleuve coulait entre elles et la demeure du saint et elles ne purent traverser les eaux agitées ; craignant la colère de Durvâsâ, elles revinrent sur leurs pas et, s'adressant au Seigneur, lui dirent : « Que devons-nous faire ? Il y a un cours d'eau que nous ne pouvons traverser et, si la colère du Richi éclate, les mondes seront brûlés ! » Le Seigneur sourit et dit : « Allez jusqu'au fleuve, parlez-lui en Mon nom et dites-lui : Si Krishna est un Brahma Chari[23], renverse ton cours et laisse-nous pas-

---

21   Bergères — compagnes de jeu de Krishna, au nombre desquelles se trouvait sa femme Raddha

22   Hermitage.

23   Qui a fait vœu de célibat temporaire ou définitif.

ser. » Elles pensèrent : « Qu'allons-nous dire ? Krishna
entouré de ses Gopis est cependant un célibataire ? »
Pourtant, comme elles savaient que le Seigneur était
sage, elles gagnèrent les bords du fleuve, prononcèrent
les paroles puissantes et les eaux entendirent leurs voix,
coulèrent de part et d'autre, formant ainsi des murs
liquides, et les Gopis foulant la terre ferme arrivèrent
jusqu'à la demeure du saint et lui offrirent les vivres.
Lorsque l'heure du retour eut sonné pour les Gopis, le
fleuve coulait de nouveau à grands flots et dits s'écriè-
rent une fois de plus : « Comment traverserons-nous
le fleuve ? » Elles implorèrent l'assistance du Sage qui
leur dit : « Allez jusqu'au fleuve et dites : « Si Durvâsà
ne se nourrit que d'air, renverse ton cours et laisse-
nous passer. » Les Gopis se dirent : « Voyez, il a mangé
toute cette nourriture, sans en rien laisser et il nous faut
dire qu'il ne vit que d'air ! » Il n'y avait cependant pas
d'autre alternative, et gagnant le fleuve elles prononcèrent de nouveau les paroles puissantes : « Si Durvâsâ ne
se nourrit que d'air, renverse ton cours et laisse-nous
passer. » De nouveau les eaux entendirent ces paroles
et se retirèrent en laissant un passage qu'elles purent
franchir. Elles exposèrent alors les faits au Seigneur et
lui demandèrent l'explication. Il leur enseigna alors la
leçon d'après laquelle l'homme qui a atteint la Sagesse
parfaite n'est plus affecté par l'action, n'est plus changé

par ce qui l'entoure. Le véritable Jñànî n'est plus affecté par l'action, ne peut plus être touché par les phénomènes du monde extérieur.

À ce moment une erreur se produit souvent. Des
hommes qui ne sont sages que du bout des lèvres, au
lieu de l'être réellement, répètent des phrases enten-
dues, mais n'ont pas développé la vraie vie du Moi,
disent : « Je suis Brahman », mais sont affectés par
tout ; ne sont ni disciplinés ni dépourvus de passions ;
recherchent les plaisirs des sens, puis disent : « C'est le
corps seul qui les recherche, je reste insensible » ; ces
hommes sont induits en erreur et sont inconsciemment, ou même consciemment, hypocrites ; ils ne sa-
vent pas que le véritable Jñânî emploie les *gounas*, mais
n'est pas employé par elles ; il les emploie pour atteindre le but auquel est destiné l'univers, mais n'est pas
entraîné par elles. L'homme qui ne peut pas résister
aux tentations du corps et qui dit : « C'est seulement
le corps qui agit, je suis Brahman », est un homme qui
ne sait que parler du bout des lèvres, qui ne possède
pas la vraie sagesse et qui est affecté et dégradé par
ses vices. Le Sage peut assumer n'importe quel genre
d'activité, peut l'employer pour accomplir les desseins
du Seigneur et n'est lui-même qu'un chenal pour l'en-
tretien du monde. Il reçoit ses impulsions de l'intérieur
et non de l'extérieur. Il se sert de ses outils comme un

Maître et n'est pas traîné au labeur comme un esclave. C'est un homme libre et non un serf. Parcourir soi-disant la voie tout en étant soumis au corps alors que l'on articule des paroles de sagesse, c'est devenir la proie des illusions et retarder les progrès de l'âme. C'est pour atteindre ce résultat si bas que les travaux des grands instructeurs ont été détournés de leur but et que la Védantâ a été utilisée pour servir d'excuse à une existence vile ; on a émis des prétentions à la maîtrise des passions, là où elle n'existait réellement pas. C'est pour éviter ce danger que dans les temps jadis ceux-là seuls qui étaient qualifiés pour le faire pouvaient apprendre ces leçons. Celui, dont les désirs étaient éteints, dont les passions étaient vaincues, qui avait éprouvé le dégoût du monde, celui-là seul était digne de devenir disciple, et c'est à lui seul que le gourou enseignait les mystères.

Tel est donc le Sentier de la Sagesse et telles sont quelques-unes des difficultés qui se rencontrent sur son parcours. C'est ainsi que l'homme peut échapper au monde et passer dans une vie de liberté.

Il serait cependant bon pour vous de ne pas oublier que, si cette délivrance est recherchée pour le soi séparé et non pour le service de l'univers, bien que la libération puisse avoir une durée incalculable, il faudra finalement que l'homme revienne pour acquérir la perfection complète. On lit, en effet, dans les Oupanishads sacrés que le Moi divin n'est pas découvert par le savoir seul, mais par le savoir allié à la dévotion[24]. La libération peut être conquise par la pure sagesse, et l'âme passe dans le Janarloka[25] pour y demeurer délivrée de la naissance et de la mort; mais la vie parfaite qui ne demande rien, qui est heureuse d'être dans l'esclavage tant que le Seigneur est manifesté, tant qu'Ishvara est à l'Œuvre, cette vie signifie le mélange de la Sagesse à la Dévotion, et c'est ainsi seulement que la perfection est atteinte.

---

24 *Mundakopanishad*, III, II, 4.
25 Le monde où habitent les Mounis (Saints).

BHAKTI MÂRGA [26]

« Ceux dont le Manas est fixé sur Moi, qui, toujours en parfaite harmonie, M'adorent, qui sont doués d'une foi suprême, ceux-là, à Mon avis, dit Shri Krishna, sont les plus affermis dans la Yoga. » Puis Il poursuit en disant : « Les difficultés que rencontrent ceux dont le mental est dirigé vers le Non-manifesté sont plus grandes, car la voie du Non-manifesté est difficile à atteindre pour celui qui est incarné. En vérité, ceux qui renoncent aux actions à cause de Moi et sont attachés à Moi, qui adorent en méditant sur Moi, dans une Yoga où ils mettent tout leur cœur, ceux-là, je les élève rapidement au-dessus de l'océan de la mort et de l'existence, ô Partha, car leur mental est fixé sur moi [27]. » C'est dans ces termes que le puissant Seigneur de la Yoga instruisit son disciple bien-aimé. La concentration du mental sur Ishvara, le Seigneur révélé, l'adoration sans

---

26   Le Sentier de l'amour et de la dévotion.
27   *Bhagavad Gîtâ*, X, 2, 5-7.

cesse orientée vers Lui, la constante méditation dirigée sur le but unique. Ceux qui agissent ainsi, dit-il, sont rapidement retirés par Lui du sein de cet océan dans lequel les âmes sont plongées, durant des existences successives, et auquel, lassées en quelque sorte, elles aspirent à échapper. Cette dévotion qu'Il a ainsi décrite, cette orientation fixe du mental, cette constante méditation, cette profonde adoration, tout cela est résumé par le mot *Bhakti* ou Amour et c'est la Voie de l'Amour, la *Bhakti* Mârga que nous avons à étudier au cours de cette dernière réunion.

Il y a entre le Sentier de la Sagesse et le Sentier de l'Amour une grande différence, qui nous apparaît, claire et distincte, depuis le commencement jusqu'à la fin, et cette différence consiste dans ce que nous pouvons appeler l'objectif du dévot et l'objectif du Jñanî. Ces objectifs diffèrent entre eux, dans un certain sens — bien que, fondamentalement et essentiellement, ils n'en fassent naturellement qu'un. Une allusion à ce qui les distingue est faite dans la Shloka [28] que j'ai citée, au sujet de la difficulté que l'on éprouve à atteindre et à parcourir la Voie du Non-manifesté. Celui qui parcourt le Sentier de la Sagesse, le Jñanî, cherche l'existence

---

28   Le vers épique sanscrit de 32 syllabes : les versets composés de 4 demi lignes de 8 syllabes chacune ou de 2 lignes de 16 syllabes chaque.

Unique, l'Infini, l'Éternel et, le Non-manifesté, qui est latent en toutes choses, pénètre tout, soutient tout et se trouve caché en tout, mais nous avons constaté, au cours de notre étude d'hier, que c'est par le discernement, par la Sagesse, qu'il atteint cette connaissance du Moi et son expression suprême c'est le « So'ham » — « Je suis Lui » — l'identité parfaite avec l'Unique qui n'a pas d'égal. Mais lorsque nous étudions le but vers lequel le Bhakta dirige son attention, son amour, son adoration, sa foi inébranlable, nous constatons que ce but n'est autre que le suprême Ishvara, le Seigneur personnifié, le Dieu manifesté, l'unique Seigneur qui Se manifeste dans une forme et devient ainsi un objet concret d'amour et d'adoration.

En fait, pour faire naître la *Bhakti*, il faut l'orienter vers un Être dans lequel se manifestent ce que nous pourrions appeler, dans le sens le plus large, les limites de l'individualité. Quelque étendue que nous puissions donner à notre conception de l'individualité, en repoussant tout ce qui est de nature à la limiter, nous n'en avons pas moins affaire à un individu qui est humain et cette conception aboutit, après tout, à l'idée fondamentale de la limitation ; le Seigneur de l'Univers, Ishvara le Suprême, a imposé une limitation du moi dans un but de manifestation, afin que l'Univers puisse exister, et ce Seigneur de l'Univers est le but vers lequel peuvent tendre les aspirations, l'amour et l'adoration de tous les êtres qui peuplent l'univers.

Nous constatons, en outre, que ce Suprême Ishvara que l'on appellerait, en langage occidental, le « Dieu Personnel » — bien que le mot « personnel » introduise un élément que nous devons nécessairement écarter de nos pensées — nous constatons, dis-je, que ce Suprême Ishvara Se manifeste encore de temps en temps, par des Avatârs, afin d'offrir à l'homme, pour ainsi dire, une personnification plus concrète à laquelle son amour et son adoration puissent s'adresser, une individualité encore plus claire qui puisse éveiller son cœur, qui puisse attirer ses émotions, sur laquelle il puisse concentrer son adoration et à laquelle il puisse rendre hommage. Nous trouvons dans la croyance indoue et aussi dans les autres croyances, que le Suprême Se manifeste, non seulement comme le Seigneur de l'Univers, mais aussi sous une forme humaine et que c'est surtout sous cette forme humaine qu'il fait naître la dévotion ; l'adoration et l'amour, car il y concentre toutes les attractions qui plaisent au cœur humain, toutes les beautés qui captivent l'imagination humaine. Par condescendance pour la faiblesse de Ses créatures, par compassion pour la faiblesse de leurs pensées, il se place, en quelque sorte, à portée de leur intelligence limitée, à portée de leur amour quasi-aveugle et Se présente sous l'aspect d'un

Avatar qui manifeste quelques-unes des perfections du Suprême.

En étudiant les croyances humaines, en étudiant les religions de ce monde, nous constatons que ceci est à peu près universel et qu'une Forme divine humaine occupe le Maître-autel du culte ; bien qu'au delà de Lui on reconnaisse le Supérieur, bien qu'au delà d'Ishvara Lui-même on ait vaguement conscience de l'unique sans égal, le cœur humain s'attache aux Pieds du Seigneur manifesté et c'est en Lui que les émotions humaines trouvent leur repos et leur refuge. Que ce soit sous le nom sacré de Ramabhandra ou de Shri-Krishna, ou que ce soit sous le nom du Christ ou sous celui de Bouddha, vous constaterez que l'humanité aspire particulièrement à adorer un Être, et recherche dans les émotions dévotes cette satisfaction qu'aucune conception abstraite de l'infini ne saurait lui procurer. Pour tous ceux qui parcourent le Sentier de *Bhakti*, cet objet de leur adoration doit constituer le but de la Voie. En, effet, comment l'homme pourrait-il, dans le sens le plus complet du mot, se sentir transporté par l'extase de l'amour vers la conception d'une Existence infinie, d'un espace illimité, et comment le cœur humain pourrait-il trouver le repos dans le sein de Dieu, sans ces limitations qui, pour nous, rendent une chose « réelle ».

C'est pour cela que sur cette Voie de l'Amour nous rencontrons toujours le Bhakta à la recherche de son Seigneur. Quel est cet amour qui l'inspire ? Quelle est cette dévotion qui l'anime ? Qu'est-ce qui imprègne si complètement son être et fait vibrer toutes les fibres de sa vie, au point que, pour lui, il n'y ait rien de vrai en dehors de la Présence adorée et que tout le reste soit obscurci par l'éclat du Seigneur suprême ? Celui qui est l'incarnation même de la dévotion, Nârada, le puissant Sage et Bhakta, nous a légué, sur l'amour, des enseignements dans lesquels il nous décrit sa nature, nous fait connaître, pour ainsi dire, les signes qui permettent de le reconnaître et nous indique ce qu'il faut chercher et ce qu'il faut découvrir, si nous voulons cultiver la dévotion.

Nârada commence par dire que la nature de *Bhakti* consiste dans « une extrême dévotion pour quelqu'un [29] » ; l'élément de dévotion pour un être individuel constitue sa nature même. Un peu plus loin, dans la même Soutra [30], il donne un certain nombre de définitions de cet Amour et, en dernier lieu, sa propre définition, qui déborde de cette dévotion qui constitue sa principale et sa plus frappante caractéristique.

---

29   *Nârada Soutra*, traduite par E.-T. Sturdy, P. 19.
30   *Soutra*, seconde division des écritures sacrées, destinée aux Bouddhistes laïques.

Nârada donne des définitions de l'Amour, suivant l'opinion de Vyâsa, Gârga et Sàndilya, après quoi il dit : « C'est la consécration à Dieu de toutes les actions et le fait d'éprouver la plus grande souffrance en oubliant Dieu [31]. C'est là le langage du vrai Bhakta — la vie tout entière consacrée à l'objet de la dévotion ; pas de plus grande douleur que de L'oublier. Si le cœur est aveuglé par, le voile dont l'entoure un autre objet, si un nuage s'interpose entre l'âme et son Seigneur et qu'elle oublie son Dieu, ne fût-ce qu'un moment, la torture la plus amère, la plus cruelle souffrance devient son lot — l'oubli de son Seigneur. C'est ainsi qu'enseignait Nârada et tout cela semble familier au cœur de ceux qui ont le bonheur d'être assoiffés de dévotion. Il entreprend ensuite la description de l'homme qui a réussi à obtenir cet amour : « Lorsqu'il l'obtient, l'homme devient parfait, devient immortel, se sent satisfait ; sitôt qu'il l'a obtenu, il ne désire plus rien, ne s'afflige pas, ne hait pas, ne se réjouit pas (des choses sensuelles), ne fait aucun effort (dans un but égoïste) : sitôt qu'il le connaît, il se sent grisé (de joie), transfiguré et son Âme se réjouit. » Et plus loin : « On ne peut l'amener à satisfaire des désirs, car la renonciation fait partie de sa nature [32]. »

31   *Nârada* Soutra, p. 28.
32   *Ibid.*, pp. 22, 24.

Telle est donc la *Bhakti*, comme l'a décrite celui qui en était la vivante incarnation. Comment peut-on s'élever jusqu'à une pareille dévotion ? De quels échelons se compose la *Bhakti* Mârga ? Comment des hommes, dont le cœur est rempli d'amours inférieures, pourront-ils découvrir l'Amour suprême ? Comment des hommes, dont l'esprit poursuit les objets des sens, pourront-ils connaître l'Unique, dont la connaissance implique celle de toutes choses ? Comment l'homme enveloppé d'illusions, plongé dans des affections viles, les pieds attachés à la boue de la terre, pourra-t-il atteindre l'amour de Nârada ? Comment pourra-t-il devenir le Bhakta parfait, le dévot pur et sans tache ?

Il nous faut esquisser les premières phases de cette Voie, comme nous avons esquissé celles des autres. Il est presque inutile d'en présenter un tableau parfait, sans dépeindre les diverses phases de son développement en prenant l'imparfait pour point de départ, de façon à ce que l'on puisse lutter pour s'élever de l'imperfection à la perfection. Nous pouvons nous sentir fascinés par la beauté de la Dévotion parfaite, éblouis par la splendeur d'un amour sans tache, mais nous avons besoin d'apprendre jusqu'à quel point l'amour peut grandir en nous, en alimentant ainsi le feu de la dévotion pour que nous puissions devenir sa flamme même et rien d'autre.

L'amour humain peut servir à nous donner
d'abord un faible reflet de ce qu'est l'amour Divin. En
l'étudiant, nous pouvons apprendre à connaître quelques-uns des signes qui caractérisent le vrai Bhakta.
L'objectif changerait, mais les caractères essentiels
resteraient les mêmes. Songez un moment à l'amour
le plus fort, le plus pur, le plus noble, le plus intense,
que vous ayez jamais éprouvé pour un être humain.
Analysez profondément votre vie et voyez à quel point
elle a été affectée par cet amour. Voyez combien les
autres choses ont peu d'attraits, comparées à cet amour.
Vous éprouviez peut-être l'amour des richesses, vous
vous adonniez peut-être à la littérature ou bien vous
aspiriez peut-être ardemment au savoir lorsque l'hori-
zon de votre vie fut tout à coup éclairé par une figure
radieuse qui vous attira et fit naître en vous l'amour
le plus intense que votre nature fût capable d'éprouver, qui, malgré vous, vous entraîna vers elle. La tour-
nure de votre esprit fut soudainement transformée au
contact de sa gloire et de sa beauté. Les richesses paru-
rent sans valeur, comparées aux trésors de son amour.
La littérature sembla ennuyeuse et fatigante, comparée
au charme de sa conversation. Tout savoir parut sem-
blable à une feuille desséchée, comparé à l'extase que
provoquait son étreinte. Votre plus grande joie était
de vous trouver auprès d'elle ; votre être intime était

saturé d'amour pour elle. Toutes les autres attractions virent s'affaiblir le pouvoir qu'elles exerçaient sur vous ; toutes les autres couleurs devinrent ternes à côté du radieux éclat de cette teinte brillante. Cet être devint pour vous, non seulement un ami, mais encore un instructeur, un guide, un amant, résumant en lui-même un grand nombre des plus nobles qualités qui puissent se manifester chez l'homme. À quel point votre amour pour lui n'a-t-il pas transformé toute votre vie ? Tout se teignit de couleurs nouvelles, au contact de la lumière qui émanait de lui. Imaginez-vous un amour humain de ce genre, élevé jusqu'au ciel le plus sublime ; un pareil amour humain devenu plus profond que le plus profond des océans ; imaginez-le rehaussé encore par la perfection de l'être aimé, rendu plus intense encore par toutes les qualités que cet être possède ; imaginez-vous que cet amour ne puisse causer aucune lassitude, ne puisse faire naître la satiété, et vous aurez une faible idée des sentiments que nourrit le vrai Bhaktâ pour l'objet de son amour et de son culte.

Swâmi Vivékânanda, parlant en Amérique, raconta une histoire assez pittoresque pour faire bien comprendre à ses auditeurs combien peu l'on aspire à Dieu, en général. Il raconta qu'un jeune homme vint trouver un instructeur religieux et lui dit qu'il désirait trouver, Dieu. Le Sage sourit et ne répondit rien. Le jeune homme revint à la charge, à plusieurs reprises, parlant sans cesse de l'intensité du désir qui le faisait aspirer à trouver Dieu.

Après plusieurs jours, le Sage lui dit de l'accompagner jusqu'au fleuve dans lequel il allait prendre son bain du matin et, lorsqu'ils furent tous deux dans le fleuve, le Sage saisit le jeune homme et le plongea dans l'eau, sous la surface de laquelle il le maintint. Le jeune homme lutta et se débattit pour échapper à son étreinte. Finalement, le Sage le souleva hors de l'eau et lui dit : « Mon fils, que désiriez-vous, avant tout, pendant que vous étiez sous l'eau ? » — « Un peu d'air », gémit le jeune homme. — « C'est ainsi que le futur disciple doit aspirer à Dieu, s'il veut vraiment Le trouver. Si c'est, ainsi que vous aspirez à Dieu, en vérité Il vous aimera. »

Combien sont-ils ceux qui aspirent ainsi ? Combien sont-ils ceux qui veulent réellement trouver Dieu ? Le premier obstacle qu'ils rencontrent fait oublier aux hommes l'Unique et toute aspiration s'efface de leurs cœurs. Au lieu de se débattre en cherchant à respirer, le vrai Bhakta n'eût pensé qu'à Dieu, en se disant que la mort sous les eaux du fleuve le rapprocherait de son but. Nous désirons tout ce qui se rencontre sur notre route ; nous désirons les richesses, les honneurs, les joies et les biens de ce monde. Comment pourrait-il y avoir place pour Dieu dans nos cœurs avides ? Comme le dit le récit chrétien — il n'y avait pas de place pour le Christ dans une auberge et nos cœurs sont comme des auberges pleines de voyageurs de passage et où il n'y a pas de place pour l'Hôte Divin.

Néanmoins, nous ne resterons pas sans espoir et nous allons voir si cette Voie n'a pas une entrée praticable. À ce moment un grand Sage vient à notre secours — un de ces grands auteurs anciens de l'Inde qui se sont consacrés à l'enseignement des vérités spirituelles d'ordre supérieur — le Sage Râmânaja, Il a traité des stages préliminaires qui permettent à l'homme de développer la dévotion, qui lui permettent de se préparer graduellement à devenir le réceptacle de l'amour vrai.

Ce Sage, en décrivant ces phases préliminaires, commence en prenant pour point de départ leur début, alors que l'homme se trouve dans son corps physique tel qu'il vit ici-bas. Il s'occupe d'abord du corps de l'homme — de la façon dont celui-ci devrait le traiter, de la conduite qu'il devrait tenir à son égard. Quelles sont les qualités que doit nécessairement posséder le corps d'un homme qui souhaite le développement des caractéristiques de l'amour spirituel ? La première chose dont il parle, c'est Vivéka : il n'en parle pas dans le sens que nous avons employé hier, mais dans un sens beaucoup plus élémentaire. Il l'applique au choix des aliments. L'homme qui désire que son corps devienne un véhicule dans lequel puisse habiter l'âme pénétrée de l'amour divin, doit avoir un corps pur et faire preuve de discernement dans le choix de ses aliments. Il prend pour point de départ ce détail élémentaire et dit que le Bhakta doit choisir avec soin sa nourriture. Il ne doit pas prendre celle qui coûterait une souffrance à d'autres êtres sensibles. Le futur Bhakta ne doit pas être une cause de souffrances et de douleurs pour d'autres êtres, une source de maux pour des créatures qui sont inférieures à lui sur l'échelle de l'évolution. Il ne doit se nourrir d'aucune chose douée de vie sensible comme le font les créatures animales. Aucun Bhakta ne doit toucher à une pareille nourriture. Non seulement il souillerait son corps en en faisant usage, mais encore il dégraderait son âme en faisant preuve de haine au lieu de faire preuve de compassion, en se montrant égoïste au lieu de se montrer altruiste, en faisant du mal à des animaux sans, défense au lieu de les protéger, en cessant de mener la belle existence d'une créature inoffensive pour assurer la jouissance égoïste de son, propre palais — ce serait fouler aux pieds l'idée même de l'amour. C'est pourquoi il doit, dès le début, apprendre Vivéka, ou le discernement dans le choix des aliments. Dans le choix de la nourriture qui est chère au Bhatka il faut se conformer à la loi magnétique de la pureté — pureté qui affecte les corps subtils de l'homme, qui sont susceptibles d'être souillés par des contacts extérieurs et qu'il faut mettre à l'abri des souillures, tant externes qu'internes. Il faut aussi faire preuve de propreté afin que le corps puisse être, à tous égards, un temple digne du dévot qui doit s'en servir pendant qu'il parcourt le Sentier de l'Amour. Il cite ensuite le grand axiome : « aliments purs, esprit pur et pensée constante de Dieu ». Telle doit être la loi de la vie pour le futur Bhakta — non pas pour celui qui a déjà atteint la dévotion, mais pour celui qui désire l'atteindre.

Telles sont les mesures préliminaires que doit prendre, pour trouver Dieu, celui qui voudrait faire naître cette divine qualité de l'Amour. L'Achârya [33] dit alors que le futur Bhakta doit mettre en pratique l'absence de tous désirs — son seul désir doit être concentré en Dieu, sa seule aspiration avoir Dieu pour objectif ; il ne doit plus y avoir place dans son cœur pour aucun désir. Ce désir doit s'étendre jusqu'au point d'englober toutes les fractions de son être et tous les autres désirs doivent être chassés pour faire place à l'unique et suprême attachement. Il doit alors s'habituer à tourner toutes ses pensées vers Dieu. Cette prati-

---

33   L'instructeur spirituel, le Gourou.

que doit être constante. Lorsqu'il essaye d'atteindre cette Concentration, il constate que son mental erre à l'aventure, qu'il s'attache à d'autres objets ; son mental s'écarte de l'unique et suprême objectif et cherche à se reposer sur d'autres choses, mais le Seigneur de la Yoga n'a-t-il pas dit, en réponse à la plainte d'Arjouna, qui déclarait que le mental était agité comme le vent et aussi difficile que lui à maîtriser, n'a-t-il pas dit : « Il peut être maîtrisé par une pratique constante [34]. » Aussi le futur dévot doit-il constamment s'efforcer à orienter son mental vers Dieu. Il le ramènera vers l'objet de la contemplation, toutes les fois qu'il se tournera vers d'autres choses. Il choisira des heures fixes durant lesquelles il se plongera dans l'adoration, l'esprit exclusivement occupé à contempler l'Unique.

Ce ne sont là que les premiers pas sur la Voie. Il commence par adorer à heures fixes, pour en arriver bientôt à adorer sans cesse ; il se livre fréquemment à des méditations, pour arriver à ce qu'il n'y ait bientôt plus d'intervalles entre elles et à ce que la méditation devienne incessante, ininterrompue et complète. Il n'en est encore qu'à apprendre, de sorte qu'il a des heures fixes pour la contemplation et l'adoration ; il fixe son cœur sur le Suprême. Cela n'est pas suffisant. Cette

---

34   *Bhagavad Gîtâ*, VI, 35.

pratique aboutit à une existence dénuée des caractéristiques de la véritable *Bhakti*. Il peut trouver du plaisir dans la méditation, de la joie dans la contemplation ; il peut ainsi devenir oublieux d'autrui et en arriver à adorer pour le plaisir d'adorer, mais le vrai Bhakta n'aspire pas au gain. Il cherche à donner, à donner constamment, perpétuellement, afin d'arriver à dompter l'égoïsme de la nature humaine et à déraciner la tendance à accaparer qui est le propre de l'esprit. Aussi le progrès qui lui est ensuite indiqué consiste à faire du bien à autrui. Il ne doit pas se borner à la contemplation seule ; son amour doit se répandre au dehors, aller à ses frères en humanité et sa vie doit être employée à rendre constamment service, à aider sans cesse tous ceux qui en ont besoin. Il ne déracinera jamais la tendance à accaparer, s'il ne cultive pas la propension à donner ; s'il ne se dépouille sans cesse pour que les autres puissent jouir. Donnez, donnez encore, donnez continuellement, car donner, est le propre de l'amour. L'amour ne réclame rien, si ce n'est le droit de donner ; l'amour ne demande rien, si ce n'est le droit de dépenser ; l'amour ne demande pas qu'on le paie de retour, ne réclame pas la gratitude. Il ne demande aucune joie pour lui-même. Il ne demande que la permission d'aimer, de se répandre dans toutes les directions et de rendre tous les êtres heureux sous les étreintes de l'amour. Comme nos cœurs sont

durs et égoïstes, nous retrouvons dans la religion elle-même les formules plus subtiles de l'égoïsme ; nous
corrompons l'or pur en y mêlant des scories ; c'est pour
cela que la religion, la chose la plus noble et la plus
pure, se trouve parfois dégradée et avilie, parce que les
hommes introduisent leur égoïsme dans le sanctuaire
et font de ce lieu sacré un marché où se font les ventes
et les achats ; tant d'adoration en échange de tant de
joie. Là où le don gratuit ne se pratique pas, il n'y a pas
de place pour Dieu.

En conséquence, faire activement du bien à autrui
constitue une partie des devoirs que le dévot doit
s'exercer à pratiquer. Combien rares sont ceux qui
aiment, en ce qui concerne leurs frères en humanité !
Nous demandons toujours quelque chose en retour de
notre amour, une satisfaction de notre Moi inférieur,
et nous sollicitons sans cesse quelque chose qui nous
vienne de notre bien-aimé. Ce n'est pas là de l'amour,
mais du calcul. C'est une forme plus subtile de l'égoïsme. L'amour humain dans toute sa pureté s'épand
librement au dehors. Il lui suffit d'être autorisé à aimer.
Celui qui aime véritablement demande uniquement à
donner son amour.

De tels exercices préparent de plus en plus l'homme à éprouver la véritable *Bhakti* — l'amour de Dieu.
Ensuite, nous dit-on, il faut conquérir la pureté, la

véracité, la droiture, la charité, n'être plus capables de faire du mal à autrui et être pleins de compassion. Tout cela nous est indiqué comme étant indispensable sur la Voie, si nous voulons atteindre jamais Bhakti, si nous voulons en arriver jamais à connaître l'amour qui est divin. Voyons combien de ces mesures nous sommes préparés à prendre. Étudions ces qualités qui sont requises dès le début, puis livrons-nous à un examen de nos propres cœurs, pour constater quelles sont celles qui nous font défaut ; par le seul fait que nous commencerons à acquérir celles qui nous manquent, nous commencerons à parcourir la Bhakti Mârga.

La fréquentation des gens de bien est également une chose recommandée. Ceux qui sont plus avancés que nous, ceux qui consacrent une partie de leur temps à causer de choses d'une nature spirituelle ou qui s'assemblent silencieusement pour méditer sur l'objet de la dévotion, sont les personnes dont on devrait rechercher la société, plutôt que celle des gens mondains et frivoles. Cherchez la société des premiers. L'homme subit l'influence du milieu qu'il fréquente. Les pensées des autres hommes agissent sur lui et son esprit sera fortement coloré par l'atmosphère au milieu de laquelle il vit. S'il choisit toujours pour compagnons les gens négligents et frivoles et s'il marche de pair avec les sots, comment pourrait-il jamais être capable de se recueillir et de concentrer ses pensées sur le Moi divin ? Comment pourrait-il découvrir son Seigneur ? Qu'il recherche plutôt une existence tranquille, sans jamais oublier ses devoirs, mais sans jamais rechercher l'activité dans le seul but de se distraire. Qu'il recherche la compagnie des saints et qu'il leur emprunte un reflet de leurs nobles pensées et de leurs pures aspirations, car la société de ceux qui aiment le Seigneur est un stimulant pour ceux qui s'engagent sur le Sentier.

On devrait aussi lire de bons livres, des livres de nature à stimuler la dévotion et à placer sous vos yeux les nobles exemples des saints et sages de ce monde. Ne gaspillez pas votre temps à lire des œuvres littéraires sans valeur ; ne contractez pas l'habitude des lectures frivoles. Vous n'avez pas de temps à perdre. Lorsque vous lisez, choisissez des lectures de nature à vous aider à atteindre le but auquel vous aspirez. Si vous désirez devenir fort en droit, vous ne vous mettrez pas à lire des histoires, mais vous choisirez des livres de jurisprudence, l'historique des lois de tous les pays ; vous étudierez leurs coutumes et vous écarterez tout ce qui n'est pas de nature à vous aider à réussir. Ne faites pas moins pour l'amour de Dieu. Quand donc les hommes travailleront-ils pour Dieu, comme ils travaillent pour leur réputation ? Quand donc rechercheront-ils Sa présence, avec l'ardeur qu'ils mettent à rechercher les hochets et les frivolités de ce monde? Les instructeurs ne manquent pas; les degrés de l'échelle ne sont pas dissimulés! C'est le cœur qui manque, c'est l'amour qui fait défaut, c'est le désir qui est absent! C'est tout cela qui nous retarde et non pas notre ignorance de la marche à suivre. Nârada aussi enseignait qu'il fallait éviter les mauvais livres et les vaines discussions, pour méditer sur les Écritures et les livres de piété.

Enfin, en passant pas à pas par ces phases, en franchissant cette première partie de la Voie, il arrive un moment où Ishvara, activement cherché, adoré avec respect, suivi avec persistance, bien qu'Il ne fût pas encore visible, Se révèle à son adorateur, et le Suprême devient visible. Un changement se produit alors dans la vie; un nouvel élément fait son entrée dans le cœur; un flot d'émotions enveloppe l'homme, et il n'est plus jamais ce qu'il était auparavant. Lorsque le Suprême a été vu, n'eût-on fait qu'entrevoir Sa beauté, un seul rayon de cette gloire fût-il descendu pour atteindre le cœur du dévot, l'homme interne se trouve changé; le cœur entier est bouleversé; il tourne le dos aux objets extérieurs de la terre et sans efforts fait face à Dieu. Rappelez-vous la phrase la plus significative et la plus suggestive qui se trouve dans le Livre de Dévotion, dans la *Bhagavad Gîtâ*, et dans laquelle il est dit, au sujet de ces phrases, que les choses des sens se détour-

nent de l'austère habitant du corps physique, mais
que leur saveur, le désir de les posséder, l'envie de les
avoir, le moindre penchant pour eux, disparaissent dès
que le Suprême a été vu[35]. C'est vraiment alors que
la Voie commence à resplendir d'un éclat céleste ; le
premier contact de la béatitude sainte qui découle du
Moi fait tressaillir l'être tout entier. Pendant combien
de temps le Bhakta n'a-t-il pas appelé son Seigneur ?
Pendant combien de temps son cœur n'a-t-il pas as-
piré à voir son Seigneur ? Combien de fois n'a-t-il pas
répété : « Comment puis-je arriver à Te connaître, ô
Yogi, grâce à d'incessantes méditations ? Sous quel aspect, ô Seigneur béni, sous quel aspect : dois-je pen-
ser à Toi[36] ? » Lorsque le Seigneur se révèle à l'âme
de Son serviteur, tous les autres objets s'effacent devant cet éclat radieux — devant la gloire de cette vision suprême du Seigneur. La Terre n'est plus jamais
la même, dès que cette lumière a brillé. Des nuages,
peuvent s'amasser encore, des erreurs et des faiblesses
peuvent arrêter le disciple dans la Voie, mais il a vu, il
sait, il se souvient, et ce souvenir constant le soutient
au milieu de tous ses efforts. C'est alors que le Seigneur
dit d'un tel homme : « Ayant répudié l'égoïsme, la vio-
lence, l'arrogance, le désir, la colère et la convoitise,

---

35   *Bhagavad Gîtâ,* II, 59.
36   *Bhagavad Gîtâ,* X, 17.

devenu paisible et n'ayant plus de Moi, il est digne
de devenir un Brahmane[37].» Il devient digne de voir
constamment le Seigneur. Plein de sérénité et débar-
rassé du Moi, il devient le miroir de l'Âme Suprême et,
devenu un Brahmane, immergé dans Brahman, ne faisant plus qu'un avec toutes les créatures, il entre dans
le Seigneur. Telles sont les paroles de Shri Krishna ;
telle est la promesse du Suprême.

Celui qui s'est ainsi exercé, qui a purifié sa nature
inférieure, qui est devenu inébranlable dans la dévotion, qui est plein de sérénité et dépourvu de passions,
qui ne fait de mal à personne, qui enveloppe tous les
êtres dans l'étreinte de son parfait amour et ne laisse
personne en dehors des limites de sa compassion, qui
éprouve pour tous les êtres les sentiments qu'une mère
éprouve pour son premier-né, celui-là est devenu digne
de la présence de son Seigneur. Il va là-haut près du
Suprême. Il est préparé pour la paix éternelle. En effet,
être l'amour, c'est être Dieu ; celui dont l'être tout entier
n'est qu'amour, est devenu l'image du Suprême ; il re-
produit en lui-même la divinité, car l'Amour est Dieu
et Dieu est l'Amour. Qu'est-ce qui pourrait le retenir
loin de ce qui est lui-même ? Quelle barrière pourrait
donc s'élever entre l'âme et son Seigneur ? Cette âme

---

37   *Bhagavad Gîtâ*, XVIII, 53.

est remplie de l'amour du Seigneur, elle est elle-même tout amour et de même qu'un fleuve se joint à d'autres pour se précipiter ensuite dans l'océan, de même cette âme qui est tout amour vole vers l'océan d'amour, vers le Suprême. Les eaux du fleuve se mêlent à celles de l'océan et deviennent identiques en nature et en qualité. Qu'est-ce qui pourrait les maintenir séparées ? Qui, pourrait séparer l'âme de Dieu ? L'âme connaît son Seigneur, elle l'adore en se prosternant devant Lui et, enveloppée du Suprême, elle s'unifie à jamais avec le Seigneur qui est elle-même. Alors le Seigneur cesse de dire : il viendra à Moi, il Me trouvera ou bien il parcourra la voie qui mène à Ma demeure suprême, mais Il dit : « Il est véritablement Moi-même[38]. Il est Moi-même. C'est le terme de la Voie, l'inévitable résultat de l'amour. L'Amour est Dieu et plus il est parfait, plus le divin se manifeste en lui. Même lorsqu'il s'agit de l'amour humain, nous voyons comment il renverse les obstacles, comment, en nous aimant, nous en venons à oublier « le moi et le mien » et à ne plus faire qu'un. Même dans notre pauvre amour humain, celui qui aime sent qu'il ne fait qu'un avec l'être aimé, qu'il n'est plus séparé de lui. N'avez-vous pas senti que tout ce qui vous appartient est à lui et que vous n'établissez

---

38 *Bhagavad Gîtâ*, VII, 18.

aucune distinction entre vous et lui. Il en est de même de l'âme et de son Seigneur ; séparé pour le culte et l'adoration qui ont pour but de faire jaillir l'âme avec tous ses pouvoirs, l'âme parfaite s'identifie avec son Seigneur — ils ne font plus qu'un pour servir, pour aider, pour sauver le monde comme Il le sauve, pour aider le monde comme Il l'aide. Dans cette communion de celui qui aime et de l'être aimé, il y a une fusion et une indication si complètes, que tout ce que fait l'un est fait par l'autre. Le Bhakta devient le Sauveur du monde ; il est vraiment Dieu et tout ce que Dieu peut faire, lui, qui ne fait qu'un avec Dieu, peut aussi le faire, dans la création et la dissolution des mondes.

À quoi les Indes ne pourraient-elles atteindre, si elles donnaient naissance à de réels Bhaktas ; non pas à des gens qui ne le seraient qu'en paroles, mais à des Bhaktas qui le seraient du fond du cœur, qui le seraient par toutes leurs vies. Si l'on trouvait seulement un ou deux êtres de ce genre, dont les cœurs seraient telle- ment enflammés d'amour divin que rien n'échappe- rait à leur puissante étreinte, les Indes seraient sauvées, pour ainsi dire, en un instant. L'amour aurait le dessus. Ne vous souvenez-vous pas de l'exemple de dévotion éprouvée donné par le jeune Prahlâda ? Rien ne pou- vait lui faire de mal, aucun poison ne pouvait le tuer, aucun feu le brûler, aucune montagne l'écraser, et cela parce que sa dévotion était parfaite, parce qu'il adorait son Seigneur de toutes les forces de son cœur, au sein de tous les dangers, de toutes les difficultés. Personne ne peut faire de mal au parfait dévot : aucune arme ne peut le tuer, aucune eau le noyer. Il ne fait qu'un avec l'Esprit Immortel et n'est autre que la *Vie immortelle*. C'est pour cela que Nârada a dit, car je veux terminer en le citant, comme je l'ai fait en commençant : « Sa nature réside dans une suprême dévotion pour quelqu'un. L'Amour est immortel. »

Oh ! Que n'avons-nous un pareil homme pour nous aider ! Que n'avons-nous un tel homme pour nous instruire ! Nous ne pouvons pas encore le devenir nous-mêmes, nous ne pouvons être l'amour qui ferait de nous des Dieux, mais ne pouvons-nous, par notre amour, en aider d'autres qui seraient plus dignes, ne pouvons-nous activer les progrès de ceux qui sont plus avancés ? N'oubliez pas que la réunion de beaucoup de petits ruisseaux peut former un puissant torrent. Amenons aux pieds du Suprême nos ruisseaux d'amour et d'adoration. Donnons notre amour, si faible qu'il soit, donnons nos aspirations, si chancelantes qu'elles soient, donnons notre dévotion, si fragile qu'elle soit ; mettons tout aux Pieds de Celui qui est l'Amour, qui est le Bien dans toute sa pureté. N'est-il donc pas possible que nos nombreuses amours donnent naissance à une grande flamme d'amour qui aiderait notre pays, qui purifierait notre nation? Dès l'instant que l'aspiration existe, le résultat est possible. Puisse-t-il nous appartenir de contribuer quelque peu à cette œuvre majestueuse!

TABLE DES MATIÈRES

Mme Annie Besant
(1er octobre 1847 - 20 septembre 1933)

Née à Londres, Mme Annie Besant fut une conféren-
cière, féministe, libre-penseuse, socialiste et théoso-
phe britannique qui prit part à la lutte ouvrière et
lutta également pour l'indépendance de l'Inde. Elle
fit de nombreuses lectures philosophiques qui dével-
oppèrent ses questionnements métaphysiques et spi-
rituels. Elle partit s'installer en Inde en 1893 où était
basée la Société théosophique. Elle en prit la direction en 1907 et l'assuma jusqu'à sa mort en 1933.